HEYNE <

AF720986

Zum Buch:

Wie oft fühlen wir uns ungerecht behandelt: »Warum bekommt er mehr Geld als ich?« – »Warum stehen die Frauen auf ihn – und nicht auf mich?« Schnell haben wir die Schuldigen ausgemacht: die Gesellschaft, die Erziehung, das andere Geschlecht… Oder tragen wir unbewusst vielleicht selbst dazu bei?
Je nach Geschlecht verhalten wir uns nämlich unterschiedlich. Wie wir gehen, wie wir Blickkontakt halten oder in schwierigen Situationen agieren, ist bei Frauen anders als bei Männern. Das Dumme ist nur: Ob wir als kompetent und selbstsicher, sympathisch und vertrauenswürdig empfunden werden oder nicht, das wird durch solche Verhaltensmuster bestimmt. Einiges davon ist angelernt, vieles hat einen evolutionären Hintergrund. Doch was biologisch durchaus sinnvoll ist, kann sich im Umgang miteinander als schwerer Nachteil erweisen – ohne dass wir uns dessen bewusst wären.
Der Körpersprache-Experte Stefan Verra öffnet uns die Augen dafür und zeigt anschaulich, wo die Fallstricke liegen – und wie wir als Frauen oder Männer unser Verhalten so gestalten, dass wir besser ankommen und mehr erreichen in Beruf, Beziehung und Familie.
Mit exklusiven Videoclips!
Die Erstausgabe dieses Buches erschien im Ariston Verlag unter dem Titel »Körpersprache gendert nicht«.

Zum Autor:

Stefan Verra, geb. 1973, ist einer der gefragtesten Körpersprache-Experten in Europa. Der in München lebende Österreicher beschäftigt sich seit über 20 Jahren intensiv mit der menschlichen Körpersprache. Der Bestsellerautor und Gastdozent mehrerer Universitäten bringt wissenschaftlich fundiertes Körpersprache-Know-how Organisationen wie der NATO, dem Fraunhofer-Institut sowie MedizinerInnen und JuristInnen näher. Er hält weltweit Vorträge und spricht dabei jährlich vor über 100.000 Menschen. Seine Analysen werden regelmäßig in den Medien publiziert. Über 150.000 Menschen verfolgen seine Körpersprache-Tipps auf Social-Media-Kanälen. Stefan Verra unterstützt mit seinem Wissen Menschen aus dem Autismusspektrum, Hospize und Trans-Menschen.

Stefan Verra

Warum **Frauen** oft nicht ernst genommen werden und **Männer** unfreiwillig Single sind

Unbewusste Signale verstehen – Körpersprache gezielt einsetzen

Mehr erreichen in Beruf, Freizeit, Partnerschaft

WILHELM HEYNE VERLAG
MÜNCHEN

Die Originalausgabe dieses Buches erschien unter
dem Titel »Körpersprache gendert nicht. Weibliche und männliche
Signale verstehen – und Erfolgsfaktoren gezielt einsetzen«
mit der ISBN 978-3-424-20271-7 im Ariston Verlag.

Der Verlag behält sich die Verwertung der urheberrechtlich
geschützten Inhalte dieses Werkes für Zwecke des Text- und
Data-Minings nach § 44 b UrhG ausdrücklich vor.
Jegliche unbefugte Nutzung ist hiermit ausgeschlossen.

FSC www.fsc.org MIX Papier | Fördert gute Waldnutzung FSC® C014496

Penguin Random House Verlagsgruppe FSC® N001967

2. Auflage
Aktualisierte Taschenbucherstausgabe 02/2024

© Ariston Verlag 2023
Copyright © 2024 by Wilhelm Heyne Verlag, München,
in der Penguin Random House Verlagsgruppe GmbH,
Neumarkter Straße 28, 81673 München
Redaktion: Bettina Traub, Stuttgart
Fotografien: © Kay Blaschke, München
Umschlaggestaltung: Hauptmann & Kompanie Werbeagentur, Zürich
unter Verwendung eines Fotos von © Kay Blaschke.
Illustration: S. 83, iStockphoto/Grafissimo
Satz:Satzwerk Huber, Germering
Druck: GGP Media GmbH, Pößneck
Printed in Germany
ISBN: 978-3-453-60691-3

www.heyne.de

INHALT

Männlich, weiblich, divers

An mir liegt's nicht! – Doch (auch).

»Zum dritten Mal: Lasst eure Schultaschen nicht immer im Flur rumliegen!!« Es ist zum Haare raufen! Egal wie oft man es sagt, sie hören einfach nicht. Aber kaum kommt Papa nach Hause, folgen die Kinder sofort! Bei ihm klappt es, aber warum werde ich als Mutter nicht ernst genommen?

Im Meeting bekommt man kein Gehör, im Freundeskreis wird man scheinbar ignoriert und beim Brainstorming regelmäßig überhört. Kann es sein, dass das Frauen öfter passiert als Männern? Werden Männer einfach ernster genommen? Doch wie erklären sich dann die vielen Frauen, die sehr wohl Aufmerksamkeit bekommen? Man muss gar nicht an Michelle Obama, Oprah Winfrey, Giorgia Meloni oder Angela Merkel denken. Die vielen Ärztinnen, die hohes Ansehen bei ihren Patienten genießen, die Lehrerinnen, die eine ganze Schulklasse gekonnt leiten oder die weibliche Führungskraft, die sich auch in der Männerwelt durchsetzt. Das sind alltägliche Beispiele, die gerne übersehen – oder soll ich sagen ignoriert – werden. Warum? Weil es so bequem ist, zu sagen: *An mir liegt's nicht!*

Dabei sind diese Frauen nicht besser gebildet oder haben bessere Beziehungen als jene, die sich schwer tun mit dem Durchsetzen. Nein, ihr Geheimnis ist ihre Wirkung. Sie gehen gekonnter mit ihren nonverbalen Signalen um. Denn am Blick, an der Haltung und der richtigen Gestik zeigt sich, ob jemand ernst zu nehmen ist oder nicht. Und das steht Frauen genauso zur Verfügung wie Männern. Was oft fehlt ist das »gewusst wie«.

Auch Männer machen die Erfahrung benachteiligt zu werden: *»Frauen manchen sich nur lustig über mich. Sie lassen sich von mir ausführen, um mich dann doch fallen zu lassen wie eine heiße Kartoffel. In der Firmenkantine habe ich letztens gehört,* *wie drei Kolleginnen über mich gekichert haben.« »Frauen wird häufig der Vorzug gegeben. Sie bekommen jeden Job. Warum? Na, weil sie eben Frauen sind!«* Männer fühlen sich auch benachteiligt, nur hört man seltener davon. Aus gutem Grund, wie Sie in diesem Buch erfahren werden. Natürlich betrifft das nicht die Männer, die den Chefparkplatz in der Firma belegen und von dort mit dem dicken Auto und der Blondine auf dem Beifahrersitz ins schicke Eigenheim fahren. Die haben einen Weg gefunden, wie sie sich Vorteile verschaffen. Vielmehr geht es um die, die im Stillen leiden. Auch ihnen fehlt das Bewusstsein für ihre eigene Körpersprache. Der allzu breite Stand, das unangenehme vor sich hin Grummeln, der stierende Blick lösen unweigerlich Gefühle aus. Und die sind selten positiv. Aber genau das ist oft der Grund, weshalb sie im Beruf übergangen werden und bei der Partnersuche auf Ablehnung stoßen. Ihre Welterklärung klingt ähnlich: *An mir liegt's nicht!*

Immer wenn Menschen grundsätzlich dem Geschlecht »die Schuld« für ihre Misere geben, wird es verdächtig. Warum? Weil wir mit unserem Verhalten weit mehr beeinflussen als mit unserer Geschlechtszugehörigkeit. Es ist uns nur leider nicht bewusst, weil wir unser nonverbales Verhalten nahezu nie bemerken. Da unsere Augen nach außen gerichtet sind, nehmen wir die schiefen Blicke, die strengen Stirnfalten oder die kalten Schultern bei anderen wohl wahr. Aber unsere eigene Körpersprache bleibt uns verborgen. Dabei war sie es, die die kalte Schulter erst ausgelöst hat.

Mit einfachen Tipps und lebensnahen Beispielen werden Sie lernen, dass in Ihrer Körpersprache weit mehr Kraft und auch Macht liegt als Sie glauben. Sie werden lernen, bewusster damit umzugehen und so bessere Ergebnisse erzielen. Damit wird nicht jede Ungerechtigkeit aus Ihrem Leben verschwinden. Aber Sie werden erkennen, dass es an Ihnen selbst liegt, ob die Kollegen Ihnen Gehör schenken und Sie ernst genommen werden. Und ob Ihre Kinder den Schulranzen endlich aufräumen.

Ein Gendersternchen reicht nicht

Gendersternchen, Genderdoppelpunkt, Genderschrägstrich – ein Thema, über das sich viele Menschen mit Begeisterung aufregen. Die Befürworter halten es für einen unumgänglichen Schritt zur Gleichstellung, die Gegner empfinden es als Sprachverhunzung. Diese Diskussion führen wir nun seit vielen Jahrzehnten: 1960 wurde der Schrägstrich (Lehrer/innen) erfunden. In den 1980ern folgten das Binnen-I (LehrerInnen)[1], irgendwann kam der Doppelpunkt (Lehrer:innen), und vor wenigen Jahren setzte sich das Gendersternchen durch – eigentlich ein Internet-Suchmaschinenbefehl. Seit mindestens 60 Jahren also betrachten viele die verbale Sprache als den Schlüssel zur Gleichbehandlung.

Und doch ist das sprachliche Gendern in vielen Fällen nicht viel mehr als ein Feigenblatt. Denn in der Realität ist es in vielen Situationen mit der Chancengleichheit nicht weit her. Und zwar für Frauen und für Männer.

Stimmt schon, die Firma, die etwas auf sich hält, stellt eine Genderbeauftragte (meist weiblich) ein und hat damit eine weiße Weste. Im Vorstands-Meeting hat diese Kollegin allerdings einen schweren Stand, sich gegen den Vorwurf der angeblichen Sprachverhunzung durch das Gendersternchen zu verteidigen. Kein Wunder, der Vorstand besteht ja hauptsächlich aus Männern, die dann wiederum ihrerseits zu Hause kritisiert werden, weil sie in Sachen Kindererziehung angeblich keinen Plan haben.

Merken wir eigentlich nicht, dass wir uns auf einem Nebengleis bewegen? Da echauffiert sich die Intelligentia darüber, dass der Genderschrägstrich aus Frauen ein Anhängsel der Männer macht, an der WC-Tür das Diversity-Zeichen fehlt und das Binnen-I nicht alle gefühlten Geschlechter involviert. Und gleichzeitig reden viele vom Auflösen der Geschlechterrollen – »wir sind doch schließlich alle Menschen«. Aber wehe, Sie sprechen jemanden mit dem falschen Pronomen an.

So kann man sich das Wasser auch abgraben! Deswegen ist der Frauenanteil in Vorständen trotzdem nicht höher, bleibt die Hausarbeit unverändert zu 80 Prozent bei den Frauen hängen[2] und haben Männer mit wenig Bildung und geringem sozialem Status bei Frauen wenig Chancen.[3]

»Aha, wieder einer, der die Gleichstellung ablehnt!«, könnte jetzt mancher ausrufen. Papperlapapp, denn genau damit wird jede Weiterentwicklung abgewürgt. Das Gegenteil ist nämlich der Fall!

Gleich vorweg: Ich unterstütze das sprachliche Gendern voll und ganz. Vielleicht hat man noch nicht für jede sprachliche Situation die passende Wendung gefunden, vielleicht holpert es manchmal noch. Und vielleicht müssen wir uns einfach auch noch ein wenig daran gewöhnen. Aber der Sinnhaftigkeit tut das keinen Abbruch. Denn das Geschlecht eines Wortes hat eine Auswirkung auf unser Weltbild: »Wissenschaftler haben herausgefunden …« Die meisten Menschen werden dabei unbewusst an Männer denken. Während wir umgekehrt bei dem Satz »Wissenschaftlerinnen haben herausgefunden …« sofort weibliche Forscher im Kopf haben. Es braucht ein Sprachbild, das genderneutral ist und nicht eines, das Überraschung hervorruft, wenn der Wissenschaftler dann doch eine Frau ist.

Und doch ist die Fokussierung auf die Sprache ein allzu bequemes Nebenthema. Weiterhin bestehen Unmengen an geschlechterspezifischen Ungerechtigkeiten, die statistisch gut belegt sind: Jobchancen, Gehälterdifferenzen, Familienerhalt, unfaire Arbeitsaufteilungen. Da sind Politik, Wirtschaft und Zivilgesellschaft gefragt.

Außerdem gibt es gefühlte Ungerechtigkeiten, die einem widerfahren. Situationen, in denen man es vielleicht nicht genau benennen kann und doch den Eindruck hat, dass etwas in Schieflage ist.

Nachweisliche oder gefühlte Ungerechtigkeit – beides schmerzt gleichermaßen. Und wer hat's verbockt? Die Antwort liegt doch auf der Hand: das jeweils andere Geschlecht natürlich! Auf Social Media oder bei Kneipengesprächen zu erfahren, ganz zu schweigen von den Feuilletons der Qualitätsmedien, wo so manche Autoren und Autorinnen diese Sichtweise untermauern. Offensichtlich wird man nur aus einem Grund ungerecht behandelt: Man hat eben – leider, leider – ein X-Chromosom zu viel oder ein Y-Chromosom zu wenig. Echt jetzt? Und wir selber? Haben wir zu solchen Ungerechtigkeiten so ganz und gar nix beigetragen?

Sie merken schon, das wird hier keine Gendersternchen-Selbsthilfegruppe, wo am Ende herauskommt, dass wir die Opfer sind und sich alle gegen uns verschworen haben. Das mag manchmal zutreffen, entscheidend ist jedoch, dass uns eine derartige Denkweise nicht weiterbringt!

Die Ursache liegt nicht im Verbalen, sie liegt an den nonverbalen Signalen, die ein Mensch aussendet. Kleine Signale entscheiden darüber, ob Sie als kompetent und selbstsicher, als sympathisch und vertrauenswürdig eingeschätzt werden. Oder eben nicht. Und hier unterscheiden sich die Geschlechter. Da die meisten Menschen über diese Signale wenig Bescheid wissen, greifen sie auf das zurück, was sie aus der Verantwortung nimmt: Schuld sind die anderen, vor allem das andere Geschlecht!

Ab jetzt nicht mehr! Ich möchte Ihnen vor Augen führen, wie stark die geschlechtsspezifische Körpersprache zu Ihrem Lebenserfolg und zu Ihrem Lebensglück beiträgt. Frauen und Männer unterscheiden sich darin, wie sie an der Supermarktkasse anstehen, ein Telefon halten, beim Gehen die Arme schwingen, die Faust ballen, wenn ihnen etwas gegen den Strich geht, oder von einem Stuhl aufstehen. Sie unterscheiden sich selbst darin, an welchen Körperstellen sie sich beim Zuhören am liebsten anfassen.

Und gerade *weil* wir uns in unserer Körpersprache so unterschiedlich verhalten, werden wir in bestimmten Situationen unterschiedlich behandelt. Manchmal zu unserem Vorteil, manchmal mit haarsträubenden Nachteilen für das jeweilige Geschlecht. Besser also, darüber Bescheid zu wissen![4]

Klischees und Stereotype

An manchen Stellen dieses Buches werden Sie vielleicht denken »Das ist doch alles Klischee!« oder »Ich mache das aber nie!« Dann geht es Ihnen wie mir. Nicht jeder Mensch nutzt jedes einzelne dieser Signale. Dafür bin ich das beste Beispiel. Mit 1,60 Meter Körpergröße, Mimikspiel wie ein ganzer Jahrmarktzirkus gemischt mit italienischer Gestik, passe ich schon mal gar nicht in das stereotype Bild von »Mann«. Und doch weiß ich, dass eine große Anzahl der männlichen Signale in meiner Körpersprache zu beobachten ist.

Mein Tipp vorab: Lassen Sie sich nicht irritieren, weil das eine oder andere Signal nicht in Ihrem Repertoire vorkommt. Konzentrieren Sie sich auf das, was Sie betrifft. Vielleicht sprechen wir an manchen Stellen gar nicht über Sie, sondern über die Menschen, mit denen Sie zu tun haben. Wenn Sie mit offenen Augen durch die Welt gehen, werden Sie sehen, wie oft sich diese Klischees und Stereotype bewahrheiten.

Vielleicht tauchen an bestimmten Stellen des Buches Menschen vor Ihrem geistigen Auge auf, die genau, aber haargenau das Gegenteil von dem tun, was Sie gerade lesen. Dann halten Sie kurz inne und überprüfen Sie, ob Ihnen diese Gegenbeispiele vielleicht deswegen so auffallen, weil sie aus der Reihe herausstechen. Im Alltag sehen wir gerne mal die Ausnahme und übersehen die Regel. Der schwarze Storch prägt sich unter all den weißen Störchen einfach stärker ein. Und doch ist es kein Beleg dafür, dass die meisten Störche schwarz wären.

Gendern im Buch

Liebe Leserin, lieber Leser, ob Sie als Chefin oder Chef, Hausfrau/-mann oder einfach als Interessierter oder Interessierte dieses Buch lesen, jeder/e wird seinen/ihren Nutzen daraus ziehen. Die geschlechtsspezifische Körpersprache ist allgegenwärtig – ob im Gespräch mit dem Bäcker/der Bäckerin, dem/der Nachbar:in, mit dem/der Freund/ Freundin.

Ich habe deswegen bewusst zahlreiche Alltagsbeispiele gewählt und sie teilweise aus weiblicher und männlicher Perspektive beschrieben. Viele dieser Beispiele können Sie im Geiste auch geschlechtlich umdrehen. So habe ich versucht, jedem/ jeder LeserIn die Möglichkeit zu geben, sich darin wiederzufinden.

Wie Sie an diesen Zeilen sehen, wäre es bei durchgängigem sprachlichem Gendern schwer, im Lesefluss zu bleiben. Ich hatte auch die Idee, das Buch ganz in der weiblichen Form zu schreiben – was aber vom eigentlichen Thema so stark abgelenkt hätte, dass ich auf all das bewusst verzichtet habe. Wir überlassen die Diskussion über das sprachliche Gendern vorerst anderen und kümmern uns um die Körpersprache.

Unterscheiden wir uns überhaupt?

Körpersprache ist universell verständlich

In der geschriebenen und gesprochenen Sprache können wir männlich und weiblich leicht unterscheiden – zumindest in der deutschen. Nehmen wir den Artikel *der/die/das*, vielleicht noch die Endung, und schon ist das Geschlecht nicht nur definiert, es ist auch einzementiert. Ist ein Begriff nicht sächlich, ist er entweder weiblich oder männlich: die Sonne, der Mond, die Säge, der Hammer. So mancher mag da auf die andere Hälfte der Sprachen dieser Welt schauen, die keine Geschlechtszuordnung haben wie Finnisch, Thai, Bengali oder Englisch, zum Beispiel: the sun, the moon, the saw, the hammer.[5]

In der Sprache, die unser Körper spricht, gestaltet sich das Ganze vielschichtiger. Wir müssen uns zuerst klarmachen, dass sich die menschliche Körpersprache nicht ländertypisch zuordnen lässt. Lassen Sie sich nicht irritieren, wenn Ihnen einige Boulevardmedien und zweifelhafte Youtube-Kanäle weismachen wollen, dass Sie vor einem Auslandsaufenthalt die »dortige« Körpersprache erlernen müssten. Es gibt keine eigene europäische, afrikanische oder chinesische Körpersprache. Wir unterscheiden uns wohl in bestimmten Ritualen wie Begrüßungen oder Essgewohnheiten, und so manche Geste aus anderen Kulturen ist für uns unverständlich. Aber diese spezifischen Signale sind im Zusammenleben der Menschen relativ unbedeutend. Viel wichtiger ist die Emotion, die Gesinnung, die sich dahinter verbirgt, und die verstehen wir weltweit. Über Donald Trumps Handshakes kann man deswegen kulturübergreifend hitzig diskutieren, weil seine Körpersprache überall ähnlich polarisierende Emotionen auslöst. Das Gleiche gilt für die Mimik des Dalai Lama. Einfach gesagt, mag uns ein Begrüßungsritual vielleicht fremd sein, aber wir erkennen immer, ob es freundlich, arrogant oder liebevoll gemeint ist.[6] Diese kulturspezifischen Gesten sind also nicht viel mehr als die Zuckerstreusel auf einem Kuchen – sieht hübsch aus, verändert aber kaum etwas am Geschmack des Kuchens.

Und die geschlechtstypische Körpersprache? Ist sie auch nur eine Verzierung, die sich von Kultur zu Kultur unterscheidet? Oder sind die Signale von Frau und Mann überall die gleichen?

Moderne Zeiten – alte Körpersprache

Die Körpersprache ist universell verständlich, was daher rührt, dass sie sehr alt ist. Es klingt paradox, aber die menschliche Körpersprache ist älter als der Mensch selbst. Lange bevor es den modernen Menschen gab, hatten diese Signale bereits existiert: das Senken des Schädels bei Unterlegenheit, das Aufplustern bei Dominanz. Annäherungssignale und selbst Aggression und Erschrecken finden eine Entsprechung bei Mensch und Tier. Den Unterschied macht oft nur, wie intensiv wir einzelne Muskeln bewegen können. Auf der einen Seite hat die menschliche Mimik durch ihre feinen Muskeln eine größere Vielfalt entwickelt. Auf der anderen Seite haben sich bestimmte Muskeln zurückgebildet oder sind ganz verloren gegangen. Unsere Ohren können wir nicht mehr als mimisches Signal einsetzen wie beispielsweise der Hund, der seine Lauscher hebt, dreht und senkt. Wir müssen mit unseren Händen eine Muschel formen, um Zuhören zu signalisieren, oder mit beiden Händen die Ohren zuhalten, um zu verdeutlichen, dass wir nichts mehr hören wollen. Ebenso können wir unsere Kopfhaut nicht mehr nach vorn ziehen, um unsere Federn am Kopf aufzustellen, wenn wir vor Zorn beben. Wir bewegen zwar die Augenbrauen und damit die Kopfhaut, aber unsere Frisur stellt sich dabei nicht bedrohlich auf.

Dennoch hoffen wir, mit dieser Minimalversion wenigstens ein bisschen furchteinflößend auszusehen. Demnach haben unsere gemeinsamen tierischen Vorfahren schon ähnlich körpersprachlich kommuniziert, und genauso früh können wir auch den Beginn der geschlechtsspezifischen Signale festsetzen.

Weiblich? Männlich? Erkennen wir überall!

Körpersprache ist die einzige *Lingua franca*, also die einzige Sprache, die überall verstanden wird. Damit hinkt der Vergleich der Körpersprache mit dem gesprochenen Wort eindeutig. Sprachlich stoßen wir schnell an Grenzen, wenn wir ins Ausland reisen. Aber ob Mann oder Frau uns gegenüberstehen, müssen wir nur in Ausnahmefällen »überprüfen«. Egal, in welchem Land wir uns befinden. Denken Sie an Film- oder Social-Media-Stars. Die spielen mit ihrer Weiblich- beziehungsweise Männlichkeit, und jeder versteht's, weil die geschlechtsspezifischen Signale weltweit die gleichen sind.

Alles nur anerzogen?

Aber Moment! Das bedarf nun doch einer genaueren Überprüfung: Unterscheidet sich unsere Körpersprache tatsächlich nach Geschlecht? Gibt es da eine eindeutige Zuordnung von Signalen? Gibt es Gesten, die angeboren weiblich sind, Haltungen, die nur Männer zeigen? Gibt es analog zur gesprochenen Sprache Signale oder Zeichen, anhand derer man eindeutig sagen kann: Das ist ein Mann beziehungsweise das ist eine Frau? Oder sind Frauen und Männer in ihrer Körpersprache identisch, und alles, was es an körpersprachlichen Unterschieden gibt, ist nur anerzogen? Wenn wir also endlich aufhören, unsere Kinder geschlechtsspezifisch zu erziehen, werden wir dann alle die gleiche Körpersprache haben? Oder liegt es vielleicht gar nicht an den Eltern, sondern an der Gesellschaft? Sind geschlechtsspezifische Signale von Mimik und Gestik eine Erfindung von Ewiggestrigen, um Frauen kleinzuhalten und Männer weiterhin Männer sein zu lassen? Also nichts, was man nicht mit ein wenig Wokeness hinbekommen würde?

Gleich vorweg: Es gibt keine Signale, die genuin weiblich beziehungsweise männlich wären.

Manche von Ihnen werden vielleicht einwenden: »Blödsinn, jeder erkennt doch Frauen blitzschnell an der Körperhaltung! Die, die mit weit gespreizten Beinen dasitzen, die sind es nicht.« Tatsächlich erkennen wir in der Straßenbahn, im Firmen-Meeting, an der Kassenschlange – eigentlich überall –, ob wir es mit einem Mann oder einer Frau zu tun haben. Aber lassen Sie sich nicht irritieren von Signalen, die sie als weiblich *empfinden* oder als männlich *einordnen*. Denn von Natur aus gibt es nur minimale körperliche Unterschiede zwischen Mann und Frau, die sich körpersprachlich auswirken.

Menschenweibchen haben keinen Beutel wie Känguruweibchen, Männer tragen kein Geweih, keinen Hahnenkamm und keine Straußenfedern. Bis auf die primären Geschlechtsmerkmale, also jene, die wir zur Fortpflanzung brauchen, sind die Unterschiede auf den ersten Blick äußerst gering. Jedenfalls so gering, dass sie uns körperlich nicht daran hindern würden, genauso zu agieren, als wären wir das andere Geschlecht.

Die angeborenen Unterschiede

Grundsätzlich sind es mehrere Faktoren, die Einfluss auf die Unterschiede haben, die wir im Alltag beobachten können.

Beweglichkeit

Wenn ich in Seminaren übers Beine-übereinander-Schlagen spreche, gibt es nur wenige Frauen, die das anatomisch nicht schaffen. Sie sind in der Regel gelenkiger als Männer, haben mehr Bewegungsradius zur Verfügung und somit kein Problem, ein Bein über das Knie des anderen Beins zu legen.[7] Für einige Männer ist das nicht ohne Weiteres möglich. Sie schaffen es gerade mal, das Fußgelenk des einen Beins auf das Knie des anderen zu legen, einfach weil es schwierig ist, ihr Hüftgelenk entsprechend zu drehen. Oder: Wenn Frauen einen Pullover ausziehen, werden beide Arme vor dem Rumpf überkreuzt, die jeweils gegenüberliegende Hand greift den Bund des Pullovers, und sie ziehen ihn dann über den Oberkörper zum Kopf hin. Wenn Sie Ihren Mann nicht zu SM-Spielchen überreden können, bitten Sie ihn, auf diese Weise den Pullover auszuziehen. Nach etwa 20 Sekunden befindet er sich in einer Zwangsjacke. Sie können dann mit ihm anstellen, was! Sie! wollen! Männer ziehen das Oberteil üblicherweise an der Nackenpartie über den Kopf. Oder: Beobachten Sie, wie sich Frauen und Männer bewegen. Frauen gehen schwungvoller. Das konnte in mehreren Studien belegt werden.[8] Becken und Arme schwingen mehr, während Männer etwas steifer gehen. Die Gründe dafür erfahren Sie noch. Diese größere Gelenkigkeit hat zur Folge, dass die gleiche Bewegung bei Mann und Frau unterschiedlich aussieht.

Muskulatur

Männer haben deutlich mehr Muskelmasse.[9] Wenn Sie sich einen Arnold Schwarzenegger vorstellen, wie er mit ausgestellten Armen, steifem Nacken und breitem Gang daherstapft, dann haben Sie eine Vorstellung davon, wie ein großer Muskelquerschnitt die Körpersprache beeinflusst. Ein klein wenig spüren Sie das, wenn Sie jemandem beim Umzug geholfen haben. Nachdem Sie einen Tag lang Möbel und Kisten geschleppt haben, bewegen auch Sie sich etwas steifer.

Hormonhaushalt

Hormone wirken sich auf unser Bindungs- und Aktivitätsbedürfnis aus, sie sind der Auslöser unserer Ungeduld und Aggressivität, um nur zwei Faktoren zu nennen. Wenn also manche Gesten und Haltungen verbindlicher oder aggressiver wirken, kommt der darunterliegende Hormonzustand zum Ausdruck. Einen großen Einfluss auf unseren Körper hat das Testosteron. Beim Mann ist deutlich mehr davon vorhanden als bei der Frau, bis zum Faktor 1 zu 500. Wenn also 500-mal mehr von diesem ausschlaggebenden Hormon im männlichen Körper vorhanden ist, können wir nicht so einfach sagen: »Mit ein bisschen genderneutraler Erziehung applanieren wir diese Ungleichheit.« Östrogen, Progesteron und Östradiol beeinflussen ebenfalls das Verhalten, in diesem Fall das weibliche.[10]

Gehirnentwicklung

Bis zur achten Schwangerschaftswoche sind wir alle gleich. Jungs, haltet euch fest: Bis dahin sind wir alle weiblich. Dann bekommen wir einen Testosteron-Shot, der unser Gehirn, nun ja, wie soll ich sagen, in der Entwicklung etwas hemmt. Nein, nicht alle Teile. Aber bestimmte Kommunikationszentren geben ihre Entwicklung etwas zugunsten von Aktivitätszentren auf. Während bei Mädels diese Zentren munter weiterwachsen. Das wird uns noch mehrfach begegnen. Denn »aktiv« beziehungsweise »kommunikativ« zeigt sich unterschiedlich in der Körpersprache.

Körpergröße

Auch die Körpergröße kann eine Rolle dabei spielen, dass sich Männer und Frauen nicht identisch bewegen und gleiche Körpersprachesignale unterschiedlich wahrgenommen werden.

Zusammenfassend lässt sich sagen, dass die physischen Unterschiede zwischen Frauen und Männern existieren, jedoch überschaubar sind. Eigentlich sind sie zu gering, um verlässliche Aussagen in Bezug auf das Geschlecht zu treffen, und zu Beginn unseres Lebens ist die Gefahr, sich zu irren, sogar besonders groß.

Wozu Geschlechterzuordnung?

Das ganze Dilemma mit der geschlechtsspezifischen Körpersprache geht schon sehr früh los. Um genau zu sein: spätestens mit der Geburt, denn ab da weiß niemand so recht, ob Junge oder Mädchen. Besuchen Sie mal eine Wochenstation und tippen Sie auf das Geschlecht bei den Neugeborenen. Ihre Fehlerquote wird bei ziemlich genau 50 Prozent liegen. Wir müssen den Kleinen tatsächlich an die Windel, um herauszufinden, ob dort die zukünftige Renée Zellweger oder der neue Leonardo DiCaprio liegt. Sie denken, bei den Kleinen ist das völlig egal? Haben Sie schon mal beim Blick in einen Babywagen begeistert gerufen: »Jaaa, ist der lieb!« Worauf die Eltern das Kinn ruckartig emporgereckt, die Augenbraue gehoben (nur eine!) und kurz angebunden »Sie ist ein Mädchen!« zwischen den Lippen hervorgepresst haben? Diese Peinlichkeit – man kennt sie! Wissen Sie denn überhaupt, was Eltern für einen Aufwand betreiben, um allen, die das Kind nicht persönlich kennen, klarzumachen, ob es sich um einen Jungen oder ein Mädchen handelt? Sobald der Kinderarzt im Ultraschall das Geschlecht festgestellt hat, geht Papa in den Baumarkt und kauft die heute bei uns übliche Codefarbe Himmelblau beziehungsweise Babyrosa, um dem neuen Kinderzimmer den richtigen Anstrich zu geben. Immer zarte Töne, man will bei der Brut nicht gleich mit Nachtblau oder Stierblutrot das junge Seelchen aus dem Gleichgewicht bringen. Und wehe, der Ultraschall lügt. Dann klingelt beim Baumarkt zum zweiten Mal die Kasse. In manchen Gegenden der USA und mittlerweile auch in europäischen Influencer-Haushalten werden Gender-Reveal-Partys geschmissen. Mit dabei eine Rauchbombe, die, wieder farblich codiert, allen in der Nachbarschaft das entsprechende Geschlecht in die Lüftungsanlagen bläst und damit päpstlich verkündet: *Habemus filia.* Ach ja, ehe ich's vergesse: Babykleidung, ganz wichtig! Wehe, der Sohn füllt die erste

Windel im Strampler mit Schlüsselblumenmuster. Wenn, bitte nur mit Schraubenschlüssel. In manchen Kulturen wird kleinen Mädchen ziemlich bald nach der Geburt das erste Piercing verpasst. In die Ohren, also an gut sichtbarer Stelle, damit die Menschen beim Blick in den Kinderwagen genau wissen, dass es sich um eine sehr junge Dame handelt.

Sie denken die ganze Zeit: Sind wir da nicht endlich weiter? Haben wir das Ding mit den Geschlechtern wirklich nötig? Wieso fragen Sie mich? Sie sitzen doch da mit langem Haar, Schmuck und Mascara. Nein? Sie nicht? Dann tragen Sie wahrscheinlich Bart und eine große Uhr. Also, Sie merken schon, wir kommen nicht umhin, uns nach außen klar zu deklarieren.

Aber mal ehrlich, warum ist es nicht völlig egal, ob es sich um ein Mädchen oder einen Jungen handelt? Schließlich gehen sie in den gleichen Kindergarten, die gleiche Schule, und im Job arbeiten sie auch nebeneinander. Wer braucht da einen Unterschied zwischen den Geschlechtern?

Ja, so gesehen brauchen wir ihn wirklich nicht. Aber für eine bestimmte Sache brauchen wir ihn doch: für die Fortpflanzung. Wer nämlich erst im Ehebett verrät, zu welchem Geschlecht er gehört, hat eine zu hohe Reproduktionsfehlerquote.

Flirten im Neandertal

Damals, vor Zehntausenden von Jahren, war die Erde dünn besiedelt, und es lebten um die 48 Millionen Menschen.[11] So viele Einwohner hat heute allein eine Stadt, nämlich Tokio mit Umgebung. Aktuell leben 200-mal so viele Menschen auf dem Planeten. Ich weiß, diese Zahlen sind sehr abstrakt.

Stellen Sie sich vor, Sie lehnen allein an einem Bartresen irgendwo im Neandertal. Stimmung eher Edward-Hopper-mäßig. Einsam. Sehr einsam. Vielleicht kam zufällig mal jemand vorbei, aber das war's schon. Dieselbe Bar ist heute völlig überfüllt, es stehen nämlich 200 (!) Menschen dicht gedrängt mit Ihnen am Tresen. Das soll Ihnen eine Idee vermitteln, wie unterschiedlich das Zusammenleben damals und heute war. Mit anderen Gemeinschaften gab es selten Kontakt. Klar, hat es damals auch schon Handels- und Wanderrouten gegeben. Nachdem sich aber Tank- und Raststationen für heimliche Datings damals noch nicht wirklich durchgesetzt hatten, waren die Treffpunkte eher zufällig. Die Partnersuche – und das können wir uns nur schwer vorstellen – war nicht so easy peasy wie heute. Mal eben in einen Club gehen und aus Hunderten von Männlein und Weiblein auswählen zu können, die obendrein nicht aus der eigenen Familie stammen und damit Inzucht ausschließen – das hätten die Steinzeit-Menschen wohl auch gerne gehabt.

Ich sollte an dieser Stelle erklären, dass ich Neandertaler und Säbelzahntiger des Öfteren erwähne. Sie sind das Synonym für die lange Entwicklungsgeschichte des Menschen und seiner Vorfahren. Ich meine niemals die Neandertaler beziehungsweise Säbelzahntiger im Besonderen. Ich rufe damit in Erinnerung, dass das meiste, auch das Geschlechtsspezifische in der Körpersprache, sehr, sehr, sehr alt und genetisch festgeschrieben ist. Wir denken nicht in Jahrhunderten, sondern in Jahrtausenden – manchmal sogar in Jahrhunderttausenden. Denn es braucht verdammt lang, bis sich das menschliche Verhalten nachhaltig ändert. Da kann nicht mal Alice Schwarzer selektiv ein paar Elemente ausschalten. Und die war jetzt auch nur ein Synonym.

Steinzeitromantik

Wenn wir schon bei den Neandertalern sind, dann bleiben wir gleich dort und stellen uns vor, wie sie ihre Abende verbracht haben. Rund ums Lagerfeuer, alle gemeinsam. Was die damals wahrscheinlich auch wussten: Hier kann man gut auf Aufriss gehen, denn Feuerlicht verleiht einen vorteilhaften Hautton.

An so einem lauen Abend erblickte nun der eine Neandertalermann eine Artgenossin und war total geflasht von ihr. Ab dem Moment war es schwer für ihn, den Gesprächen in der Runde zu folgen, so sehr war er auf sie konzentriert. Er setzte alles daran, ihre Aufmerksamkeit zu bekommen. Zuerst versuchte er es mit intensivem Blickkontakt, dann mit ausladenden Bewegungen, setzte sich breitbeinig hin und lachte immer wieder laut auf, lauter als die anderen. In seinem Gehirn blitzten alle Witze auf, die er je gehört hatte, und er gab sie alle zum Besten. Damit versuchte er, ihre Aufmerksamkeit weg von den männlichen Mitbewerbern auf sich zu lenken. Immer wieder trafen sich ihre Blicke. Und dann wiederum wandte sie sich demonstrativ ab und zeigte ihm die kalte Schulter. Es war ein Wechselspiel zwischen Hoffnung und Zurückweisung. Insgeheim strengte ihn das alles fürchterlich an. Doch es verlieh ihm ein euphorisches Gefühl, von der Neandertalerdame wahrgenommen zu werden, und er konnte mit dem Balzen einfach nicht aufhören. Sein Blick flog immer wieder in ihre Richtung, und für alle anderen wirkte er irgendwie abwesend. Egal, er wollte nur den Moment nicht verpassen, in dem sie das Lagerfeuer verlassen würde. Als sie aufbrach, nahm er allen Mut zusammen und wünschte ihr eine gute Nacht. Das kostete ihn Überwindung, denn er wusste, seine Geschlechtsgenossen würden sich jetzt über ihn lustig machen. Ihre Art, damit fertigzuwerden, dass sie ihm Aufmerksamkeit schenkte und nicht ihnen. Was soll's! Seine Hormone jubilierten, und er freute sich auf die nächste Begegnung.

Am folgenden Tag drehte sich alles darum, sie zu sehen, ihr »zufällig« zu begegnen, ihr kleine Geschenke und Aufmerksamkeiten zukommen zu lassen. Er nahm einiges auf sich, um ihr den Hof zu machen. Alles ziemlich aufwendig, aber sein Dopamin gab ihm mehr Power als jeder Steinzeit-Energydrink. Und irgendwann kam der Moment, als ihn seine Angebetete doch tatsächlich zu sich in die Höhle einlud. Vielleicht, um ihre Briefmarkensammlung anzuschauen. Man weiß es nicht.

Er fieberte dem Treffen regelrecht entgegen, putzte sich heraus und kämmte sein Fell auf Beinen, Armen und Bauch sorgfältig. Jetzt hieß es: *fare bella figura*! Eine gute Figur abgeben. Mensch, war er nervös, als er die Höhle betrat. Dort war alles in schummriges Licht getaucht, Teelichtchen, wohin sein Auge blickte. Romantik pur. Wen wundert's: Der Abend verlief Bombe. Irgendwann fühlte er, dass nun der richtige Moment gekommen war, um auf Tuchfühlung zu gehen. Als wäre es abgesprochen, wussten beide, dass er die Initiative ergreifen musste. Er rutschte also näher an sie heran, und sie ließ ihn gewähren. Sachte begann er, ihren Körper zu berühren … Doch plötzlich … Erschrocken rutschte er ein wenig von ihr ab, seine Hände hatten ertastet, was seine Augen nicht hatten sehen wollen, und es stellte sich heraus: Seine Angebetete hieß … Hermann!!!

Also, verstehen Sie mich nicht falsch. Nichts gegen homosexuelle Neandertaler. Aber das war jetzt schon recht viel Aufwand, um zu bemerken, dass er sich in der Zielgruppe geirrt hatte. Auf diese Art hätten wir Tokio nicht vollbekommen.

Exklusivität in der Partnerwahl ist teuer – ein Rechenmodell

Unser Neandertalermann hat auf der Suche nach einer Mutter für gemeinsame Kinder tage-, vielleicht wochenlang jede Menge Energie in die Partnerwerbung investiert. Die größte Investition allerdings war, sich auf diesen einen Menschen zu konzentrieren. Wie wir schon festgestellt haben, gab es wenige Menschen auf dem Planeten. Also auch wenige Fortpflanzungspartner. Wer schon einmal auf Partnersuche war, weiß, wie schwierig es sein kann, den oder die Richtige auszuwählen. Dabei mangelt es heutzutage weniger an der Menge von Menschen als vielmehr an der Qualität. Die mag damals auch nicht viel besser gewesen sein – aber es gab auch deutlich weniger Auswahl.

Wer also lange mit einem Menschen flirtet, überlässt in dem Moment das Feld den anderen Werbern. In der Wirtschaft spricht man von Opportunitätskosten. Entscheidet man sich für eine Möglichkeit, muss man auf alle anderen verzichten. Genau genommen sind das Kosten. Stellen Sie sich vor, Sie könnten an vier Orten Urlaub machen. Verständlich, dass Sie eine Zeit lang hin und her überlegen, denn Sie können nur eine Destination wählen und müssen eine Investition des Verzichts, wie es in der Fachsprache heißt, auf die anderen Destinationen tätigen. Das ist der Grund, warum uns Entscheidungen manchmal so schwerfallen. Das Paar, das sich füreinander entscheidet, verzichtet jeweils auf andere potenzielle Partner und Partnerinnen. Hinzu kommt, dass die Menschen im Vergleich zu heute nur eine kurze Zeitspanne lebten. Laut Forschungen wurde ein Mensch damals durchschnittlich 30 Jahre alt.[12] Da blieb wenig fruchtbare Zeit, um genug Nachkommen zu zeugen und großzuziehen. Jeder Fehlgriff bedeutete, gemessen an der wenigen Zeit, auch noch falsch investiert zu haben. Das hat unser Verhalten geprägt.

Heute, da Frauen schon mal mit über 50 noch ein Kind gebären und Männer mit 80 noch Vater werden, ist das natürlich weniger ein Thema. Aber dennoch haben vielleicht auch Sie Ihre Mutter Ihrem Vater entgegenschmettern hören: »Meine besten Jahre habe ich dir geschenkt! Und was ist der Dank?« Sie kennen das. Es steckt ein wahrer Kern darin. Damals wie heute.

Während unser Neandertalermann wochenlang seinen Hermann umgarnte, hatten sich die anderen Weiblein in der Zwischenzeit für die anderen Männlein am Lagerfeuer entschieden. Als er aus der Höhle herauskam, waren vielleicht alle vergeben. Und damit war seine Chance, sein Genmaterial zu reproduzieren, drastisch gesunken.

Das alles gilt auch umgekehrt. Hat sich eine Neandertalerfrau auf eine andere Frau eingelassen, ist auch gegen diese Verbindung nichts einzuwenden. Aber auch sie hätte wertvolle Zeit in das falsche Geschlecht investiert, wenn sie eine Familie gründen möchte.

Damit hatten jene am Lagerfeuer, die deutlich, ja vielleicht sogar übertrieben deutlich signalisiert hatten, dass sie zur weiblichen beziehungsweise männlichen Spezies gehörten, bei der Partnerfindung natürlich einen Vorteil. Ein Irrtum in der Zielgruppe war damit ausgeschlossen. Unsere Neandertalervorfahren hatten also für den nächsten Flirt bereits gelernt, sich auf jene Personen zu konzentrieren, die nach außen hin deutlich zeigten, zu welchem Geschlecht sie gehörten. Will sagen: Die, die geschlechtstypisches Verhalten zeigten, waren im Vorteil.

Zugegebenermaßen ist das alles ein wenig blumig und bildhaft beschrieben. Aber es war dienlich, um das Missverständnis aufzuklären, dass die körpersprachliche Unterscheidung heutzutage nur eine anerzogene Marotte sei.

Die geschlechtsspezifische Unterscheidung ist für die Partnersuche wichtig und zwar für die zweckgebundene im Sinne der Reproduktion. Natürlich können zwei Frauen und zwei Männer eine erfüllte Partnerschaft auf allen Ebenen leben. Bis auf eine: Auf natürlichem Weg werden sie sich nicht fortpflanzen. Es gibt heute zwar reproduktionstechnische Möglichkeiten, aber diese Errungenschaft ist so jung, dass sie auf die Körpersprache bei der Partnersuche keinerlei Auswirkung hat. Unser Verhalten ist weitaus älter und manifester als die medizinische Reproduktionstechnologie.

Damit wir also vor einem Flirt keine Leibesvisitation durchführen müssen, erkennen wir schon aus der Ferne, welchem Geschlecht sich jemand zugehörig fühlt. Mehr noch, wir schließen aufgrund der geschlechtsspezifischen Körpersprache auf bestimmte Eigenschaften und werden von unserer Umgebung entsprechend eingeordnet. Was einmal für die Partnersuche gedacht war, wirkt sich auf unser gesamtes Leben aus – auf Gehaltsverhandlungen, auf unsere Rolle in Meetings, auf die Beziehungen zu unseren Nachbarn und auch auf die Kindererziehung. Spätestens dann ist klar: Ein Gendersternchen ist da zu wenig.

Die Körpersprache ist ein *Versprechen*

Kulturerrungenschaft

Trachten wir danach, in der Sprache möglichst beide Geschlechter anzusprechen, verhalten wir uns körpersprachlich genau konträr und betonen geschlechtstypische Signale äußerlich. Immer wieder höre ich: »Warum reden wir immer von Mann und Frau, wieso bezeichnen wir uns nicht als Menschen?« Hier werden zwei Ebenen miteinander vermischt. Im Ergebnis einer Tätigkeit oder im Umgang mit anderen Personen sollte tatsächlich die Bezeichnung »Mensch« verwendet werden, denn wir müssen endlich dazu kommen, Menschen nach ihrem Beitrag für die Gesellschaft zu beurteilen und nicht nach dem Geschlecht. Das bedeutet jedoch nicht, dass wir alle undifferenzierbar wären. Im Gegenteil. Noch nie in der Menschheitsgeschichte haben sich Mann und Frau so deutlich voneinander unterschieden. Aus einem einfachen Grund: Wir müssen uns für Alltagstätigkeiten körperlich kaum noch anstrengen. Wer kein Holz schleppen muss, kann auch figurbetonte Slim-Fit-Jeans tragen. Damit ist der körperliche Unterschied zwischen Mann und Frau durch den dünnen Stoff sofort ersichtlich. Wer keine Kartoffeln aus der Erde buddeln muss, kann sich auch für High Heels und lange Fingernägel entscheiden. Wir bewegen uns das ganze Leben durch angenehme 20 bis 23 Grad und können deshalb jahrein, jahraus mehr auf linienbetonende Outfits achten, als uns vor Kälte oder Hitze schützen zu müssen. Die Körpersprache erfährt dadurch andere Möglichkeiten. Je schwerer die Tätigkeiten, desto gröber die Bewegungen. Je instabiler die Böden waren, desto breitbeiniger mussten die Menschen gehen. Egal, ob Mann oder Frau. Heute wird das Essen mit dem Aufzug in die Wohnung gerollt, das Heim per Knopfdruck auf Temperatur gebracht, und die Böden sind auf den Millimeter genau flachbetoniert. Damit ist die Körpersprache nicht mehr Notwendigkeiten untergeordnet. Zum ersten Mal können wir es uns leisten, unserem Bedürfnis nach Geschlechtsidentifikation weitgehend uneingeschränkt nachzugehen. Es ist also eine Kulturerrungenschaft.

Innere Werte? Nein, in die Körpersprache verlieben wir uns!

Nun liegt es nahe, dass wir uns im 21. Jahrhundert unsere Partner anders aussuchen als im Neandertal. Dating-Apps sind das neue Lagerfeuer. Und dort steht eindeutig »männlich« beziehungsweise »weiblich« im Profil. Wer braucht da noch körpersprachliche Unterscheidungssignale? Man kann sich also bei Tinder, die vielleicht populärste Plattform, aber auch auf Facebook, Instagram und bei Parship voll auf die inneren Werte konzentrieren. Auf letzterer verliebt sich alle elf Minuten ein User. Vielleicht stimmt die Zahl sogar. Aber *einer* ist halt zu wenig. Und selbst wenn, ist die Quote bei genauem Durchrechnen eklatant schlecht. Das Leibniz-Institut für Wirtschaftsforschung hat errechnet, dass man an die 95 Jahre warten muss, um auf einen potenziellen Partner zu treffen. Lassen Sie uns mal die Vorgehensweise der Online-Partnersuche anschauen, denn die haben mehr mit der geschlechtsspezifischen Körpersprache zu tun, als man erwarten würde. Die einen Plattformen versuchen, sich einen intellektuellen, rationalen Anstrich zu geben. Die anderen zielen vollständig auf die nonverbale Wirkung ab.

Da gibt es Apps, wo Sie beim Anmelden eine lange Liste von Fragen beantworten müssen. Hobbys, Interessen, Ausbildung, Wohnort, Urlaubspräferenzen, Musikvorlieben, Werte, politische Einstellung, Charakter ... Nehmen Sie sich an diesem Abend nichts vor, denn es dauert eine Weile, bis Sie sich da durchgeackert haben. Bei manchen Apps müssen Sie zwischen 80 und 100 Fragen beantworten. Aber damit nicht genug. Jetzt geht alles noch mal von vorn los. Sie werden nämlich aufgefordert, ebenso viele Fragen über Ihren Wunschpartner zu beantworten. Wertvorstellungen, Charakter, Vorlieben, Interessen, Ausbildung, Aussehen ... Und dann, so der Clou, bringt der ausgeklügelte Algorithmus eben jene Menschen zusammen, die laut Formular am besten zusammenpassen. Viel Zeitaufwand, viel Denkaufwand, viel Entscheidungsaufwand.

Und Tinder? Da bekommen Sie ein Bild eingeblendet, und wenn Ihnen das Foto gefällt, wischen Sie nach rechts. Wer nicht gefällt, wird nach links aus dem Display gewischt. Falls der Mensch auf der anderen Seite Gefallen an Ihrem Porträt gefunden hat, wischt er ebenso nach rechts. *Bäm!* Match, Treffer – die Kommunikation kann starten.

In welches Unternehmen würden Sie Ihr Erspartes investieren? Wohl eher Tinder. Über Parship & Co beim Kaffeekränzchen zu reden, mag zwar sozial kompatibler sein und seriöser wirken, der Haken dabei ist aber, dass es lebensfern ist. Oder glauben Sie im Ernst, dass ein Single auf Partnersuche in eine Kneipe geht, dort allen Gästen Formulare in die Hand drückt, sie ausfüllen lässt und am Ende des Abends dann auswertet? Um schlussendlich zwei, drei Personen herauszupicken, mit denen er sich näher unterhält? Eben!

Im realen Leben passiert das Verlieben ganz anders: Wir verlieben uns nicht in das, was wir rational beschreiben können. Wir verlieben uns in das, was wir nicht beschreiben können. Natürlich sollten sich Werte, Hobbys, Einstellungen nicht gerade diametral entgegenstehen, denn ein Gleichklang vereinfacht vieles, ist aber niemals der Auslöser, um sich zu verlieben.

Schönheitsideale – völlig überbewertet

Perfekte Figur, reine Haut, durchtrainierter Körper und Statussymbole – so präsentieren sich viele. Wer eine »normale« Figur hat, kann da gar nicht mehr mithalten. Was Social Media heute ist, waren die Pin-ups und Jungbauernkalender in den Autowerkstätten und Büros vor 20 Jahren. Schön anzusehen, aber kein Heiratskriterium. Machen Sie sich also nicht kirre, wenn Ihr Körper dem Ideal vielleicht nicht ganz entspricht. Tolle Frauen- und Männerkörper sind ein Hingucker, aber wir entscheiden uns nach anderen Kriterien.

Fragt man Frauen, wie ihr Traummann aussieht, kommt als Ergebnis vielleicht eine Mischung aus George Clooney, Ryan Reynolds und Idris Elba heraus: gut situiert, mindestens einen halben Kopf größer, körperlich einigermaßen trainiert, gebildet, humorvoll und mit den gleichen vegetarischen Essgewohnheiten ausgestattet wie sie selbst. Bei Männern geht es vielleicht in Richtung Lady Gaga, Beyoncé oder Michelle Obama: einen halben Kopf kleiner soll sie sein, weibliche Figur, jemand, mit der man Pferde stehlen kann, und sie soll eine gute Mutter sein und ihn witzig finden. Füllen Sie da jetzt mal die Reißbrettdaten Ihres Traummenschen ein. Haben Sie gemacht? Und jetzt vergleichen Sie mal, wen Sie geheiratet haben …

Es ist unser Unterbewusstsein und nicht unser rationales Wunschdenken, das das Kommando beim Verlieben übernimmt. Und das sucht nach anderen Werten, als sie bei Apps abgefragt werden. Die anderen mögen zwar schön sein, vielleicht schöner als Ihr Partner, mehr Geld haben und berühmter sein. Aber Ihren Partner oder Ihre Partnerin lieben Sie! Und zwar nicht, weil er beziehungsweise sie unbedingt aussieht wie in Ihren Träumen oder Sie Ihre Hobbys, Ihre Ausbildung oder Ihre Werte am Reißbrett abgeglichen hätten. Nein: Sie haben sich verliebt, weil dieser Mensch Ihre emotionalen Bedürfnisse erfüllt. Ja, ich weiß, das klingt komisch. Deswegen schauen wir jetzt mal in eine Kneipe, da passiert es nämlich.

Das passende *Versprechen*

Zwei Freundinnen haben sich in ihrer Stammkneipe verabredet. Es gibt viel zu besprechen. Beide sind schon zu lang Single. Natürlich, weil die Männer schwierig, unzuverlässig und sowieso nur auf das eine aus sind. Aber wenn ihnen ein regionaler George Clooney über den Weg liefe, würden sie sich vielleicht erbarmen. So in etwa tauschen sie sich über Männer aus. Ihr Unterbewusstsein aber spricht eine andere Sprache. Es hat bereits die Fühler ausgestreckt. So auch in der Kneipe. Das Lokal ist rammelvoll, die Stimmung bestens, und man muss schon ein wenig lauter reden, um sich zu verständigen. Jedes zweite Lied ist ein Hit, den beide mitsingen könnten – also alles geboten, was eine Stammkneipe so hergeben muss. Sie setzen sich an einen freien Zweiertisch und unterhalten sich. Während sie plaudern, verrichtet das Unterbewusstsein Schwerstarbeit. Zum einen hört es der Freundin zu, zum anderen hält es die Sinnesorgane aufnahmebereit und scannt das Lokal ab. Würde man sie fragen, würde es keine der beiden zugeben. Verständlich, denn es ist eine Aktivität des Unterbewusstseins. Und das erledigt auch gleich die Qualitätskontrolle mit. Alle, die nicht ins Schema passen, werden aussortiert. Und zwar nach ähnlichen Kriterien, wie es bei Tinder funktioniert. Ein kurzer Blick und das Gehirn entscheidet: uninteressant. Oder: Von dem wollen wir mehr Eindrücke gewinnen. Und just sehen sie an der Bar zwei Männer plaudern. Der Tresen ist zu weit weg, im Lokal ist es zu laut, um die Worte zu verstehen. Das ist dem Unterbewusstsein erst mal wurscht, denn es reicht, dass die Körpersprache gut sichtbar ist. Und was die beiden da zu sehen bekommen, fasziniert ihr Unterbewusstsein.

Pin-ups und Jungbauernkalender

Unser Gehirn zieht Schlüsse aus der Körpersprache, also Bewegungen in Alltagssituationen. Eine starre Haltung wie auf einem Foto gibt zu wenig Information darüber, wie eine Person einzuschätzen ist. Das ist der große Unterschied zu Pin-up-Fotos, Selfies und Profilbildern. Und in der oben beschriebenen Situation ist es deutlich, dass sich beide Männer sehr unterschiedlich bewegen. Der eine der beiden wirkt lebendig, temperamentvoll. Die Hände fliegen, unterstreichen jedes Wort, die Sitzposition am Barhocker verändert sich immer wieder. Mal rutscht er nach vorn, mal nach links, mal nach rechts. Auch sein Gesicht spricht Bände! Die Mundwinkel wandern mal lachend nach oben, mal grimmig nach unten, mal sind die Lippen streng verschlossen, mal reißt er den Mund so weit auf, dass man ein Obelix-Wildschwein reinwerfen könnte. Dabei sausen die Augenbrauen rauf und runter wie die Scheibenwischer bei Starkregen. Man hat den Eindruck, als könnte man das Gespräch anhand seiner Körpersprache miterleben. Das Unterbewusstsein der einen Freundin jubiliert und ist ganz aus dem Häuschen. Es freut sich über so viel Temperament: »Was für ein lebensfroher Mensch, der hat jede Menge Energie und ist sicher abenteuerlustig. Langweilig wird es mit dem bestimmt nicht!« Das Unterbewusstsein brüllt seine Einschätzungen regelrecht in ihr Gehirn hinein, denn es ist genau das, was es sich wünscht. Volltreffer! Das Unterbewusstsein der zweiten Freundin hingegen findet nichts zum Feiern. Der Mann will einfach nicht in ihr Bedürfnisschema passen. Es denkt sich: »Was ist das für ein Hektiker?!? Nicht zum Aushalten, wie der die ganze Zeit mit den Armen herumfuchtelt.«

Sie hat nämlich schon die ganze Zeit dessen Freund im Visier. Der ist die Ruhe in Person. Beständigkeit im Blickkontakt, ein leichtes Lächeln auf den Lippen. Sein Kopf schwingt leicht und regelmäßig auf und ab wie das sanfte Schaukeln eines Bootes auf einem ruhigen See. Eine Hand liegt auf dem Bartresen, die andere entspannt auf seinem Oberschenkel. Selten bringt er sich ein, aber wenn, dann tut er es so unaufgeregt, dass man meint, er könnte Papst werden. Jetzt ist das Unterbewusstsein der zweiten Freundin völlig paralysiert. Es fühlt sich wohl mit dieser Ruhe, denn es will etwas anderes als ihre Freundin. Stabilität, Zurückhaltung. Es sucht die Schulter zum Anlehnen. Und das hat es bei dem Mann gefunden. Ihre Freundin aber, die so fasziniert von dem temperamentvollen war, denkt sich beim zweiten Mann: »Was ist das für eine Schlaftablette!«

Beide Frauen haben unterschiedliche Bedürfnisse, und die wollen sie erfüllt bekommen. Das eine ist nicht besser oder schlechter als das andere, das Ganze hat nur mit den unterbewussten Vorlieben der beiden zu tun. Und beide Männer *versprechen* unterschiedliche Emotionen zu befriedigen. Sollten sich die vier nun persönlich begegnen, liegt auf der Hand, mit wem die jeweilige Freundin gern ins Gespräch kommen würde. Das Unterbewusstsein ist jetzt erpicht darauf, diesen Eindruck zu bestätigen, und deshalb werden die Gehirne besonders jene Signale herausfiltern, die das jeweilige *Versprechen* bestätigen.

Natürlich geht es den Männern gleich. Auch deren Unterbewusstsein hat bestimmte Bedürfnisse. Wenn jetzt die beiden Damen ihrerseits mit ihrer Körpersprache die Bedürfnisse des jeweiligen Favoriten bedienen, *heißa*, dann schaut's gut aus.

Hält er, was er *verspricht*?

In der Folge beginnt ein Gespräch – und zu Anfang wird gar nicht so sehr der Inhalt der Worte überprüft. Ob da was Kluges, Belesenes und Geistreiches aus dem Mund purzelt, ist weniger entscheidend als die Stimme, der Dialekt, die Wortwahl. Dort kommt es zur Überprüfung des ersten Eindrucks. *Verspricht* die neue Flamme auch auf dieser Ebene die gewünschten Bedürfnisse zu erfüllen? Stimmt das auch noch überein, war das die nächste Bestätigung für die Wahl. Das Gespräch läuft immer besser. Jetzt werden Rhythmen abgeglichen. Ist der eine ein Dauerplauderer, der das Gegenüber nicht zu Wort kommen lässt, oder jemand, der nach jedem Wort eine zu lange Denkpause einlegt? Wie läuft es mit dem Wechsel von Sprechen und Zuhören? Wenn es da hakt, bleibt ein eigenartiges Bauchgefühl zurück. All diese Faktoren legen die Basis für ein Verständnis, das mit Worten nicht zu beschreiben ist. Inhaltlich ist da noch wenig Entscheidendes passiert. In der Phase müsste schon ein großes inhaltliches No-Go aufkommen, um die Harmonie zu stören. Ansonsten werden Eigenschaften, die nicht ganz passen, einfach als leicht schrullig, aber liebenswürdig abgetan. Er ist Fußballfan, und sie kann damit gar nichts anfangen? »Hach, er ist im Herzen noch ein Junge – das ist doch süß!« Sie liebt Make-up und kunstvolle Fingernägel. Er mag keine aufgedonnerten Tussis. Alles Schall und Rauch. »Ja, die Fingernägel hätte ich mir nicht ausgesucht, aber sie ist so bodenständig, da stören doch die Nägel nicht.« Denn unterbewusst wissen wir genau: Grundlegende Verhaltensstrategien sind entscheidender als oberflächliche Hobbys.

Bewerbungsgespräche sind wie das erste Date

Vergleichbar läuft ein Bewerbungsgespräch ab. Zwar wird eine bestimmte Vorauswahl getroffen, denn Buchhalter, Verkäuferinnen, Piloten und Lehrerinnen müssen Ausbildungen und bestimmte Erfahrungen mitbringen, um überhaupt zu einem Vorstellungsgespräch eingeladen zu werden. Im Gespräch entscheidet dann aber das Unterbewusstsein. Wirkt der Bewerbende glaubwürdig? Bringt er genug Begeisterung mit? Erscheint er teamfähig? All das sind ebenfalls *Versprechen*. Wer hier zu sehr auf die oben genannten Qualifikationen Wert legt und die nonverbalen *Versprechen* unterschätzt, läuft Gefahr, den wohl am besten Ausgebildeten einzustellen, aber das Teamgefüge zu schwächen. Natürlich werden selten völlig ungeeignete Menschen eingestellt. Viel öfter aber wird jemandem das Vertrauen geschenkt, obwohl es im Bewerbungsgespräch ein wenig hakt. Die Ausbildung und Erfahrung haben die ungeeigneten *Versprechen* überblendet. Probleme im zwischenmenschlichen Bereich sind damit vorprogrammiert.

Bedürfnisbefriedigung

Jede Beziehung, ob beruflich, privat, nachbarschaftlich, ja selbst ein spontanes Kennenlernen an der Bushaltestelle beginnt auf diese Weise. Ein emotionales Bedürfnis muss ein nonverbales Erfüllungs*versprechen* erkennen. Mit dem *Versprechen* der Bedürfniserfüllung vor Augen wird das Unterbewusstsein derart befeuert, dass es links und rechts wenig wahrnimmt und diesem Prozess nahezu alle Ressourcen unterordnet. Das ist ungefähr so, wie wenn Sie Ihren Traumpullover in einem Laden sehen, den aber eine andere Kundin gerade begutachtet. Sie werden konzentriert, aber nicht zu offensichtlich die Beute im Blick behalten, bis sich die andere Frau abwendet. Dabei gilt auch: Ihr Gehirn *verspricht* sich von diesem Pullover eine Bedürfniserfüllung. Es ist darauf fokussiert und nimmt wenig anderes wahr. Nun würde ich niemals einen Pullover mit einem Mann vergleichen. Logisch. Denn wenn Sie genug von ihm haben, können Sie ihn immer noch in den Secondhandladen bringen. Versuchen Sie das mal mit einem Pullover.

Deswegen ist Verlieben per App nicht möglich. Es fehlt einfach der Abgleich von Bedürfnis und *Versprechen*. Klar hat man das Gefühl, sich dort zu verlieben. Aber man verliebt sich nicht in die reale Person, sondern immer in die Vorstellung, die man sich macht. Wir verlieben uns also in das, was wir in ein Foto, eine Message oder ein Telefonat hineininterpretieren. Deswegen ist diese Art des Datens für viele auch frustrierend. Denn es braucht recht viele Verabredungen, bis endlich mal ein Goldnugget dabei ist. Denn erst das persönliche Treffen ermöglicht es dem Unterbewusstsein abzuchecken, ob der andere mit seiner Körpersprache das *verspricht*, was er beziehungsweise sie vorgibt zu sein. Im Profil schreibt sich leicht: *aufgeweckter und selbstbewusster Mann*. Wenn er dann aber zu passiv ist, sich für einen Tisch im Lokal zu entscheiden, das Gespräch nur mühsam am Laufen halten kann und am Ende zu schüchtern ist, den Kellner zu rufen, sieht die Sache ganz anders aus. Das ist eben nur in der Realität überprüfbar. Menschen real im Lokal kennenzulernen, ist deswegen effektiver, weil das Unterbewusstsein diesen angeblich *aufgeweckten* Kerl erst gar nicht während wochenlanger Chats in Betracht gezogen hätte. Es hätte von vornherein gesagt: »Der ist zu passiv, dem muss man ja immer einen Schubs geben. Nicht meine Baustelle!« Und die Frau, die sich als besonders *sensibel und feinfühlig* beschreibt, vor allem aber sich selber gerne reden hört und erwartet, dass man ihr die ganze Zeit zuhört, wird den Realitätstest auch nicht bestehen.

Unsere Körpersprache sendet ständig ein *Versprechen* aus. Wenn dieses *Versprechen* auf ein Bedürfnis trifft, ist die Basis gelegt.

Ein nonverbales *Versprechen*

Dieses Prinzip gilt nicht nur beim Daten. Es ist die Grundlage unseres Zusammenlebens. Ein körpersprachliches *Versprechen* löst eine Erwartung aus. Stürmt jemand mit finsterem Blick und geballten Fäusten auf uns zu, *verspricht* uns dieser Mensch Aggression, Zorn, vielleicht auch Gewalt. Folglich erwarten wir Streit, vielleicht sogar Schmerz. Dementsprechend reagieren wir mit Flucht oder Gegenwehr, bevor dieser Mensch sein *Versprechen* in die Tat umsetzt. Wir lernen schon sehr früh im Leben, andere Menschen über ihre nonverbalen Signale einzuschätzen. Umgekehrt werden wir auch von anderen auf diese Weise beurteilt. Anders wäre unser Zusammenleben gar nicht möglich. Schließlich müssen wir oft schnell entscheiden: Wen nach dem Weg fragen? Wer signalisiert Ortskundigkeit? Wird der Radfahrer rechtzeitig bremsen? Zeigt der neue Nachbar Freude oder Missgunst bei der ersten Begegnung? Möchte eine Person mehr Kontakt mit mir, oder kann man ihr den Widerwillen schon ansehen? Das und noch viel mehr entscheiden wir blitzschnell, noch bevor ein Wort gefallen ist.

Der Vollständigkeit halber möchte ich erwähnen, dass nichts von dem *Versprechen* tatsächlich eintreten muss. Der zornige Mensch von vorhin könnte nur generell einen grimmigen Gesichtsausdruck haben, und seine Fäuste könnte er ballen, weil er eilig aufs WC muss. Könnte tatsächlich sein, aber wollen Sie das wirklich riskieren? Besser nicht! Der Mensch wie auch höher entwickelte Tiere müssen immer von diesem *Versprechen* ausgehen. Nur dann bleibt genug Zeit zu reagieren.

Zurück zu unseren Freundinnen in der Bar. Sie müssen nicht jeden Mann im Lokal auf Herz, Nieren und Charakter prüfen, sie verlassen sich auf das, was sie wahrnehmen. Die Ruhe suchende

Freundin wird sich mit dem Hektiker wohl eher nicht verabreden wollen, und ihre aufgeweckte Freundin wird wahrscheinlich die Schlaftablette von vornherein ausschließen. Es erspart Zeit und Enttäuschung.

Die beiden Männer am Bartresen könnten in der Tiefe ihres Charakters ganz anders sein, als sie es nach außen hin *versprechen*. Der Hektiker könnte in Wirklichkeit eine Couchpotato sein und die Schlaftablette Expeditionen in den Himalaya unternehmen. Tja, könnte. Aber sie werden beide nur jene Damen abbekommen, die sich von ihrem Gehabe angesprochen fühlen. Warum? Weil wir uns in den seltensten Fällen mit Menschen abgeben, die von vornherein etwas *versprechen*, das uns widerstrebt. Wir schließen sie aus, bevor sie die Chance hatten zu beweisen, dass sie ganz anders sind, als sie es *versprechen*.

Menschen werden nicht danach beurteilt, wie sie tatsächlich sind, sondern danach, was sie *versprechen* zu sein.

Das richtige Geschlecht *versprechen*

Doch lange vor den charakterlichen *Versprechen* »enthusiastisch« beziehungsweise »stabil« haben die beiden Frauen und die beiden Männer ein viel entscheidenderes *Versprechen* gegeben: das Geschlecht.

Nun kommt es tatsächlich auf die emotionalen Bedürfnisse an. Wer auf homo- beziehungsweise heterosexueller Partnersuche ist, beschränkt seine Wahrnehmung nur auf jene Personen, die das gewünschte Geschlecht *versprechen*.

Mit ihrer Körpersprache haben alle vier in der Bar eindeutig bekundet, welchem Geschlecht sie sich zugehörig fühlen. *Nota bene*, es gab noch keine Kontrolle in Form einer Leibesvisitation, ja noch nicht mal die Stimmhöhen wurden überprüft. Theoretisch könnten die »Damen« auch talentierte Transvestiten sein.

Und die »Männer« sogenannte Butches, also Frauen, die sich nach außen extrem maskulin geben. Aber die Beteiligten müssen aus dem, was ihnen bisher an Information zur Verfügung steht, ihre Schlüsse ziehen. Und wenn sie auf Partnersuche sind, halten sie eben nach geschlechtsspezifischen Signalen Ausschau.

Wir suchen also nach typisch weiblichen und typisch männlichen Signalen. In allen Abstufungen. Aus diesem Grund werden sich heterosexuelle Männer, die sich äußerst feminin geben, und besonders maskuline Frauen bei der (heterosexuellen) Partnersuche schwerer tun.

Was hier auf den ersten Blick rückwärtsgewandt, ja beinahe reaktionär klingen mag, lässt sich in der Realität mit großer Häufigkeit bestätigen. Selbst bei vielen homosexuellen Paaren ist eine stereotype Aufteilung des geschlechtsspezifischen Verhaltens zu beobachten. Und zwar kulturübergreifend. Und dafür gibt einen guten Grund, wie wir später erfahren werden.

Vermehren und Überleben

Falls Sie sich über die häufige Erwähnung des Themas Partnersuche wundern: Ja, unser körpersprachliches Verhalten ist tatsächlich stark geprägt durch den Drang zur erfolgreichen Reproduktion unseres Genoms. Ich wundere mich manchmal, wie schwer sich manche Menschen damit tun. Mit Begeisterung werden Tierdokus geschaut, wir beobachten fasziniert das Balzverhalten bei Tieren, sehen, wie sich die Weibchen und Männchen für ihre Nachkommen selbst aufopfern, und nehmen es ganz selbstverständlich hin, dass nach ein paar Vermehrungszyklen Schluss ist mit dem Lebenszweck des Tigers, Elefanten und der Gottesanbeterin. Aber bei uns Menschen soll sich plötzlich alles um einen tieferen Sinn drehen? Mitnichten! Bei uns dreht sich im Kern auch beinahe alles darum. Vieles direkt, der Rest indirekt. Wir haben nur ein Problem damit, weil unser Gehirn ein wenig weiterentwickelt ist als das der Tiere, und deshalb können wir über dieses »Drama« nachdenken. Verstehen Sie mich nicht falsch, Sie können sich die Frage nach dem Lebenssinn tatsächlich stellen. Aber machen Sie es nicht zu lang, sonst werden Sie vielleicht schwermütig. Stattdessen genießen Sie lieber Ihr Leben, vielleicht ist das nämlich schon der Sinn: Uns und andere zu erfreuen, dass uns ein Leben geschenkt wurde.

Frau & Mann: Spezialisten auf unterschiedlichem Gebiet

Uns als Frau beziehungsweise Mann deutlich zu erkennen zu geben, ist deshalb sinnvoll, weil die erste Voraussetzung dafür, dass wir nicht aussterben, die Reproduktion also die Vermehrung ist. Es ist so stark in unserem Sein verankert, dass es unser gesamtes Verhalten prägt. Die Hermann-Geschichte beinhaltet schon viel von dem, was das Wechselspiel zwischen Frau und Mann bestimmt. Der Neandertalermann muss »ihre« (ja, bis zum Schluss hat er sie für eine Frau gehalten) Aufmerksamkeit gewinnen, muss alle anderen Männer »ausschalten«, und am Ende ist auch er es, der sich annähert und zu fummeln beginnt. Sie im Gegenzug bleibt passiv, beobachtet sein Werben, lässt ihn zappeln und entscheidet, ob und wann ihre Wahl auf ihn fällt. Am besten lässt sich das an einer Analogie nachvollziehen, die eine erstaunliche Parallele zum Wechselspiel zwischen Mann und Frau darstellt. Sie werden erstaunt sein: Geschlechtsspezifische Körpersprache ist bereits festgelegt, bevor wir überhaupt in der Lage sind, den ersten Text über genderneutrale Sprache lesen zu können. Weit vor der Geburt. Bei der Zeugung.

Die Körpersprache von Spermien und Eizelle

Das menschliche Leben entsteht durch die Verschmelzung zweier Gameten, der weiblichen Eizelle mit der männlichen Samenzelle. Das Setting lautet: Die Eizelle wartet auf ein Spermium.

Auf männlicher Seite gibt es Samenzellen zuhauf. Ohne Unterlass und ohne besonders großen Energieaufwand werden sie produziert. Und zwar von der Pubertät bis zum Lebensende. So wie der Lurch unterm Bett – keiner bekommt's mit, aber es wird immer mehr. Der Mann muss also mit seinen Samenzellen nicht haushalten. Im Gegenteil: Sie regelmäßig loszuwerden, trägt zu ihrer Qualität bei. Es werden aber nicht alle Samenzellen zur Befruchtung kommen, sondern pro Sektkorkenknall jeweils nur eine einzige. Aus Abermillionen gewinnt diejenige, die am fittesten ist. Sie muss schneller sein als alle anderen. Darf nicht zu groß und schwerfällig daherkommen. Ist sie wiederum zu klein, hat sie zu wenig Energie, um den Weg bis zum Ziel zu schaffen. Es hat also wenig zu tun mit einer gemeinschaftlichen Rutschfahrt Richtung Eizelle, vielmehr ist es ein brutaler Verdrängungskampf – Spermium gegen Spermium.

Ganz anders die weiblichen Eizellen. Von denen gibt es alle 28 Tage genau eine befruchtbare. Hinzu kommt, dass die Menge der verfügbaren Eizellen im Laufe des Lebens begrenzt ist. Spätestens mit der Menopause ist der Ofen ein für alle Mal aus. Nix mit Lurch. Das Erfolgsrezept der Frau ist es also, mit Bedacht vorzugehen und sich mit dem besten Genmaterial zu verschmelzen, um den ganzen Aufwand auch zu rechtfertigen. Jeder Fehltritt hat nämlich große Auswirkungen. Wehe also, sie hat vorab nicht sorgfältig ausgewählt.

Nun kann man einwerfen, was das mit unserem Verhalten zu tun haben soll? Einfache Antwort: Was sich auf Gameten-Ebene abspielt, lässt sich auch im menschlichen Verhalten beobachten.

Den besten Partner herausfiltern – aber wie?

Eine Eizelle ist so wertvoll, dass sie nicht vergeudet werden darf. Würde die Frau ihre Eizelle einem Spermium schenken, das von einem geistigen Tiefflieger mit schlechten Manieren und 15 Einträgen im Strafregister stammt, wäre sie vergeudet. Und nicht nur das – sie würde ihre Chance für andere mögliche Nachkommen mit potenziell besserem Genmaterial drastisch mindern. Denn ihr Körper ist ab erfolgreicher Zusammenkunft zu einer Höchstleistung verdammt, um die Frucht dieses Fehltrittes auszubrüten. In dieser Zeit stehen wiederum keine fruchtbaren Eizellen bereit. Auch Monate danach streikt der Körper. Das ist wohl ein Sicherheitsaspekt der Natur. Ein Neugeborenes braucht so viel Aufmerksamkeit, dass eine zusätzliche Schwangerschaft dessen Überleben gefährden würde. Außerdem kann die Frau nach einem Reinfall nicht einfach das Bett wechseln und einen neuen Versuch starten, wie das Männer tun könnten. Also geht sie mit Bedacht vor und sucht beim Mann nach Signalen, die auf körperliche Fitness und geistige Reife im Verhalten schließen lassen. Und auf Stabilität. Stabilität steht besonders im Fokus, denn die Frucht der Zeugung verändert ihr Leben für die kommenden Jahre dramatisch. Wichtig war es deswegen, einen Vater zu wählen, der bei der Stange bleibt, denn ein Kind allein großzuziehen, war zumindest früher nicht zu schaffen.

Mater semper certa est

Bei der Partnersuche geht es darum, einen Partner beziehungsweise eine Partnerin zu finden, die glaubhaft vermittelt, auch nach der Geburt zu bleiben und sich um die Kinder zu kümmern.

Männer bekommen diese Garantie aufgrund offensichtlicher Umstände mitgeliefert. Denn eine Mutter muss in der Regel beim Kind bleiben. Zuerst sind die beiden körperlich verbunden, und ab der Geburt braucht das Kind Nahrung, Pflege und viel Nähe. Das bindet. Frans de Waal, der Verhaltensforscher, schreibt dazu: »Bei Säugetieren kann man die Elternliebe nicht von der Laktation trennen. In den 180 Millionen Jahren der Säugetierevolution konnten sich Weibchen, die auf die Bedürfnisse ihrer Jungen eingingen, viel besser reproduzieren als jene, die kühl und distanziert blieben. Wir stammen von einer langen Ahnenreihe von Müttern ab, die ihre Jungen gesäugt, gefüttert, saubergemacht, herumgetragen, liebkost und verteidigt haben, und so sollte es nicht überraschen, dass es bei der menschlichen Empathie Geschlechtsunterschiede gibt.«[13] Diese Mutter-Kind-Bindung garantiert dem Mann folglich bis zu einem gewissen Grad, dass die Mutter seiner Kinder diese nicht so mir nichts, dir nichts im Stich lassen würde.

Eine Frau hingegen hat es schwerer, wenn sie sichergehen will, einen Partner zu finden, der auch langfristig bei ihr und den Kindern bleibt. Weder ist er vorgeburtlich körperlich mit dem Kind verbunden, noch ernährt er es nachgeburtlich. Die Bindung ist damit in den meisten Fällen etwas loser. Folglich muss die Frau ihn und sein Verhalten vorab genau überprüfen. Wortwahl, Essmanieren, Kleidungsstil und Körperpflege sind Faktoren, die sie stärker mit einbezieht, als viele Männer das tun. Selbst der Geruch ist für Frauen entscheidender als für Männer. Welche Musik hört er, was isst er gerne, wo macht er Urlaub, wie steht es um seine Familienverhältnisse? Ist er hilfsbereit anderen gegenüber, kann er sich sozial integrieren und hat er einen einigermaßen stabilen Lebenswandel? Zusätzlich befragt sie ihre Freundin und googelt vielleicht sogar im Internet, um das Bild von ihm zu komplettieren. Diese Überprüfung braucht Zeit. Sie wird also nicht so schnell auf seine Annäherungsversuche eingehen. Im Gegenteil, sie lässt ihn zappeln. Damit überprüft sie sein Interesse.

Warum Monogamie?

Eltern, die sich sicher sind, dass sie ihre eigene Brut großziehen, investieren mehr in die Aufbringung.[14] Das erhöht nicht nur die Überlebenschancen der Kinder, sie werden auch besser gefördert, was sie durchsetzungsfähiger macht. Das erklärt wohl den Wunsch der meisten Menschen, einen Partner zu finden und zumindest eine Zeit lang monogam zu leben. Ich formuliere das bewusst vorsichtig, denn es ist in der Forschung durchaus umstritten, ob der Mensch dafür geschaffen ist, ein ganzes Leben lang bei einem Partner zu bleiben. Aber zu Beginn einer Partnerschaft ist uns die Exklusivität wichtig – im Gegensatz zur Tierwelt. Ja, es wird viel betrogen und geschieden, aber am Anfang der Partnersuche wollen die meisten Menschen »den einen« Partner finden. Für sich allein.

Alleinerziehende gibt es nicht

Wie wohl die meisten Eltern bestätigen würden, ist es zu zweit einfacher und erfolgversprechender, Kinder großzuziehen, als alleine. Die Gesellschaft betreibt einen enormen Aufwand, dass wir uns die Freiheit leisten können, uns als Eltern zu trennen und alleinerziehend zu sein. Kindergeld, Kinderkrippen, Elternzeit, Betreuungsurlaub und vieles mehr. Unsere Gesellschaft hat sich dazu entschieden, einen Teil der Steuereinnahmen genau dafür zu verwenden. Langfristig hat das zwei Vorteile. Zum einen ist es eine Befreiung der Mütter. Der zweite Vorteil ist ein indirekter. Wenn eine Gesellschaft 50 Prozent ihrer Mitglieder Schritt für Schritt davon befreit, sich mehrere Jahrzehnte fast ausschließlich mit der Erziehung der Kinder zu beschäftigen, wird natürlich auch Brain Power frei, die in die Gesellschaft zurückfließt. Wenn ich daran denke, wie viele Frauen in der Menschheitsgeschichte kulturell, künstlerisch, technisch, spirituell ihren Beitrag hätten leisten können, durch ihre Vollzeit-Mutterrolle jedoch keine Möglichkeit hatten, ihr Talent auszuleben, kann man sich ausmalen, dass wir heute vielleicht weiter wären.

Zappeln lassen

»Nein! Du nicht!« und nach links wischen auf Tinder sind notwendig, um sich nicht dem erstbesten Bewerber hinzugeben. Weibliches Verhalten zeichnet sich in vielen Situationen durch Abwarten, Zurückhaltung und auch Zurückweisung aus. Aus genanntem Grund. Sie reagiert auf seine Flirtversuche anfänglich zurückhaltend. Zwar schenkt sie ihm einen Blick, aber nur so lange, bis sie sein Interesse bemerkt hat. Dann wendet sie sich ab. Die kalte Schulter, die kennt jeder Mann. Ihre Blicke in seine Richtung sind seltener als seine in ihre. Und wenn, dann dienen sie der Kontrolle, ob sein Interesse weiter besteht. Deswegen empfindet sie seinen Blick aufs Handy als besonders störend. Das signalisiert ihr: Es reicht schon ein Smartphone, um das Interesse an mir zu verlieren. Seine Kontakt- und Dating-Versuche erwartet sie zwar, lässt sie aber länger unbeantwortet. Oder antwortet mit vagen Aussagen: »Vielleicht, wenn's zeitlich mal passt.« Es zeigt sich dabei, ob er sie wirklich treffen will oder allzu schnell aufgibt. Oder sein Augenmerk vielleicht sogar auf eine andere richtet. Aus diesem Grund ist ein zu schnelles Vorgehen seitens des Mannes in Sachen Intimität nahezu immer ein No-Go. Nicht weil Frauen dazu nicht manchmal Lust hätten, sondern weil dieses Verhalten auf ein kurzfristiges Abenteuer schließen ließe. Sie erwartet also, dass er dranbleibt, es wieder und wieder probiert und sie nicht zu schnell fallen lässt.

Nur nicht zu billig

Evolutionsbiologen gehen davon aus, dass Frauen mit dieser Zurückhaltung Männer besonders anspornen. Das begehrteste Weibchen ist nicht nur das, um das er sich besonders konsequent bemühen muss. Es ist auch dadurch erkennbar, dass viele Männchen um es buhlen. Je mehr Bewerber, desto größer die Attraktivität, und das lässt auf besonders gutes Genmaterial schließen. Deshalb bleibt er am Ball. Zwar sind die Zurückweisungen für Männer nicht gerade angenehm, belohnt werden sie dann aber mit der Aussicht auf die Eroberung des begehrten Genoms.

Men Chase, Women Choose

Das Prinzip lautet: Er wirbt, und sie entscheidet. Ein Umtauschen der Rollen findet selten statt. Kristen Jozkowski von der University of Arkansas (USA) untersuchte das Intimleben von heterosexuellen Menschen.[15] »Wie lässt du deinen Partner wissen, dass du Lust auf ihn oder sie hast?«, war die Frage, die sie mehreren Hundert Frauen und Männern stellte. Der größte Teil gab zu Antwort, dass Männer den Sex anbahnen würden. Frauen würden entweder darauf eingehen oder ablehnen. Einige Frauen gaben an, diesem Muster sogar dann treu zu bleiben, wenn sie selbst Lust verspürten. »Ich würde meinen Willen nicht preisgeben, ohne vorher gefragt zu werden«, beschrieb eine der Teilnehmerinnen. Der Mann also übernimmt auch heute noch in den meisten Beziehungen den initiativen Part, während die Frau entscheidet, ob seine Initiative erfolgreich ist oder nicht.

Würde sie zu viel Offenheit und Bereitschaft für ein spontanes Abenteuer zeigen, würde sie wohl jeden Abend einen Liebhaber finden. (Eine Erfolgsquote, von der Männer nur träumen können.) Voraussichtlich wird ihr Frustrationspotenzial recht groß sein, denn selten wird einer dieser Liebhaber so viel Offenheit mit ausreichend Stabilität für eine gemeinsame Elternschaft in Verbindung bringen. Das prägt das weibliche Verhalten. Ablehnungen auszusprechen, darin ist eine Frau also geübt. Es ist wichtig, um die Reproduktionsqualität hoch zu halten. Umgekehrt kann es sein, dass Frau es nicht »gewohnt« ist, abgelehnt zu werden. Im Berufsumfeld kann das zu einem weitverbreiteten Missverständnis führen, wie ich noch ausführen werde.

Auch die Kommunikation von Frauen untereinander dient diesem Ziel. Lässt sie sich zu freizügig auf schnelle Abenteuer ein, bekommt sie von anderen Frauen die rote Karte. Oberflächlich betrachtet wird es mit Moralvorstellungen abgetan. Dahinter stehen jedoch die Bedenken des Umfelds, dass sie sich damit auf etwas Folgenreiches eingelassen haben könnte. Die Empfängnisverhütung, die Frauen die gleichen Freiheiten gibt wie Männern, ist eine viel zu junge Errungenschaft, als dass sie uralte Sicherheitsmechanismen in unserem Verhalten ausgeschaltet haben könnte. Wir agieren immer noch so, als würde es keine Pille geben, und tragen damit der Kostbarkeit jeder einzelnen Eizelle Rechnung.

Der Zwang, gewinnen zu wollen

Der Mann will genau diese Kostbarkeit für sich haben – ich erinnere an den Kampf der Spermien um die einzige Eizelle. Bei ihm geht es darum, andere zu verdrängen und sich breitzumachen. So geht es auch im Leben des Mannes vielfach darum, Raum für sich zu markieren und andere daraus fernzuhalten. Erstaunlich, mit welcher Klarheit Männer das bisweilen tun.

Bereits in der Kindheit ist der Umgang unter Jungen gröber als unter Mädchen. Bereits da zeigt sich der Versuch, sich gegen Geschlechtsgenossen durchzusetzen. Der stärkere, schnellere, lautere, frechere und lustigere ist am Ende das Alphatier, dem die anderen folgen. Ich konnte es an meinen beiden Söhnen beobachten, die mit 15 Monaten nur einen geringen Altersunterschied haben. Als die beiden im Kindergartenalter nebeneinanderher spaziert sind, wollte jeder von ihnen unbewusst einen halben Schritt vor dem anderen gehen. Nur nicht Zweiter sein! Ihr Tempo nahm beständig zu, und im Hopserlauf versuchten sie, einen Vorsprung zu gewinnen. Ihnen schien das gar nicht bewusst zu sein, denn sie plauderten dabei über Harry Potter. Bei Geburtstagspartys verglichen sie und ihre Freunde sportliche Leistungen, Urlaubserlebnisse und Lego-Sets. Später waren es die Leistungen der Grafikkarten und Smartphone-Modelle und erreichte Levels im Computerspiel. Auf subtilerer Ebene gewann der Lauteste, der, der die größten Risiken beim Klettern auf einen Baum einging oder sich traute, durch den eiskalten Fluss zu schwimmen. Verdrängen, übertönen, stärker, schneller und geschickter zu sein als der andere.

Die Eltern sind schuld!

»Alles Erziehung! Die heutige Gesellschaft ist schuld!«, tönt da so mancher Halbgebildete. Mitnichten! Ja, halbgebildet, weil eine Wunschvorstellung zu einem Faktum erhoben wird. Dabei bleibt es immer noch ein Wunsch. Denn dieses Verhalten ist weit älter als der Mensch selbst. Schon bei Affenkindern können Sie das beobachten. Junge Affenmännchen hauen und balgen sich heftiger, provozieren mehr und messen sich stärker als weibliche Affenkinder. Eine Studie bestätigt, dass schon Rhesusaffen dieses stereotype Spielverhalten zeigen.[16] Und zwar ohne je Kontakt zur humanen Welt gehabt zu haben. Es dürften biologische Gründe, wie zum Beispiel das Hormon Testosteron, eine wichtige Rolle spielen. Es macht risikobereiter und aggressiver und es ist im weiblichen Körper in viel geringerem Maße vorhanden. Wobei man nicht dem Irrglauben verfallen darf, dass Affenweibchen zarte Wesen wären, die mit feinfühligen Bewegungen durchs Affenleben mäandern. Nein, auch sie hauen und piesacken andere. Besonders bei jenen, die einen erhöhten Spiegel an männlichen Hormonen aufweisen, zu beobachten. Sie zeigen auch mehr Risikobereitschaft und Freude am Wettkampf.

Ich erwähne das, weil ich immer wieder höre, dass man doch auch ohne Körpereinsatz Spaß haben kann. Ja, kann man, aber der Drang nach Körperlichkeit sollte auch nicht unterdrückt werden.

Gerade in hoch entwickelten Gesellschaften gibt es Strömungen, die jeglichen Wettkampf unter Kindern verurteilen. Ballspiele? Okay, aber bitte nur solche, bei denen es keine Verlierer gibt. Die amerikanische Forscherin Joy Butler bezeichnete Völkerball sogar als »entmenschlicht« und »legalisiertes Mobbing«.[17] Glauben Sie etwa, meine Frau und ich wären nicht auch mal auf dem Trip gewesen? Bei uns zu Hause gab's keine Spielzeugwaffen! Haben wir durchgezogen. Eiskalt. Bis die Brut das Waffenlager daheim gefunden hat. Gurken wurden zu Bazookas, jedes L-förmige Stöckchen war ein Revolver, und die Bettdecke haben die beiden zu Laserkanonen zusammengerollt. Schon im Kindergartenalter mussten wir mit ihnen mühsam die Küche als entmilitarisierte Zone ausverhandeln. Zwei Packungen Gummibärchen und je ein Star-Wars-Lego-Set hat uns das gekostet. Als Eltern völlig gescheitert! Wir sind einige Jahre später einem jungen Paar an Fasching begegnet, und meine Frau sagte zu deren schwarz verkleideten Kleinkind im Buggy: »Na, gegen wen kämpfst du heute noch mit deinem Schwert?« – »Unser Sohn kämpft nicht. Er lernt Konflikte auf andere Art zu lösen.« Hach, wir schmunzeln heute noch.

»Unser Maurice-Eugene soll lernen, Streitigkeiten mit verbalen Mitteln zu lösen.« Ja, deswegen ist Maurice-Eugene auch der, dem immer die Schaufel weggenommen wird. Ich propagiere hier keine sozialdarwinistischen Theorien, von wegen der Stärkere setzt sich durch. Vielmehr ist es so, dass die Bandbreite der Möglichkeiten, sich durchzusetzen, nicht mit dem Einsatz von Worten aufhört. Und nein, die Kinder müssen deswegen auch nicht gleich zuschlagen. Vielmehr sind körpersprachliche Signale im Kampf um Durchsetzung das effektivste Mittel. Kraftvolle Mimik, nachdrückliche Gestik und eine unmissverständliche Standposition. Deswegen macht es keinen Sinn, seinen Kindern diese Trainingsmöglichkeit zur Gänze vorzuenthalten. Sie werden es noch brauchen.

Eltern sollten diesem Verhalten also etwas gelassener gegenüberstehen. Denn während sich manche Eltern einen Ratgeber nach dem anderen auf ihren Yogamatten reinziehen, offenbart die genetische Programmierung ihrer Söhne ohnehin genau das Verhalten, das im Lauf der Evolution Erfolg versprechend war.

Warum ich das erwähne? Weil die allermeisten Jungs vom Bilderausmalen und Perlenauffädeln irgendwann die Schnauze vollhaben. Sie werden unruhig und wollen Action. Sie haben dann nicht gleich ADHS, sie wollen einfach so agieren, wie sie über 100 000 Jahre genetisch programmiert wurden.

Im Berufsumfeld findet das seine Anwendung. Natürlich fliegen im Büro keine Fäuste, und mit Spielzeugwaffen wird auch nicht mehr hantiert. Männer spezialisieren sich ab der Pubertät auf implizites Messen. Begrüßungen zeichnen sich oft durch besonders kräftiges Klopfen auf Schultern oder Rücken aus. Sieht man bei Frauen höchstens, wenn sich eine verschluckt hat. Und die Klopferin entschuldigt sich danach sogar dafür. Sein Schlag auf den Tisch ist nicht zu überhören und kann schon mal einschüchtern. In jedem Fall aber schenkt man diesem Mann Aufmerksamkeit. Und so ganz nebenbei hat er schon mal sein Revier abgesteckt.

»Alles meins!«

Es beginnt also oft mit Territorialsignalen. Ganz wie in der Tierwelt wird ein Revier abgesteckt. Und solange die Markierungen respektiert werden, gibt's auch keine offenen Konflikte. Meist passiert das unbewusst. Die Armlehne des Kinostuhls für sich in Anspruch nehmen, das Auto über zwei Parkplätze abstellen, die Arme breit am Bartresen abstützen, die Jacke in der Garderobe über andere Mäntel hängen – Männer reklamieren mitunter sehr offensiv den Raum für sich. Natürlich beanspruchen auch Frauen Raum, aber sie tun es seltener. Und wenn sie es tun, dann machen sie es meist subtiler, wie wir später noch erfahren werden. Das sind unterschwellige Verdrängungssignale, auch um Rangordnungen zu definieren. Wie selbstverständlich macht sich der Azubi im Meeting weniger breit als der Chef. Der wiederum beachtet die Parkplatzlinien nur als lose Empfehlung. Wer würde es wagen, ihm daraus einen Vorwurf zu machen. Der Chef legt auch seinen Arm auf die Lehne des Nachbarstuhls. Wer seine Grenzen ausdehnt, drängt den anderen naturgemäß ein wenig zurück. Und seien es nur die Schreibunterlagen am Besprechungstisch, die wie zufällig in den Bereich des Nachbarn reichen. Lässt er sich das gefallen, sind die Hierarchien festgelegt – Ober genießt mehr Raum als Unter. Ob das sympathisch ist oder nicht, sei dahingestellt, klar ist, dass wir mit solchen Signalen unseren Status zu erkennen geben und die anderen ihn akzeptieren.

Frauen kennen dieses Dilemma. Nimmt ein Mann die Armlehne in Anspruch, würden die wenigsten Frauen deswegen einen Streit beginnen. Die meisten würden ihrerseits das Territorium freigeben, um damit einen offenen Konflikt zu vermeiden. Sie hat damit auch die Hackordnung akzeptiert, schließlich hat er bestimmt, wie die Raumverteilung aussieht. Gleichzeitig aber hat er die Sympathie verspielt. Warum aber findet er überhaupt statt, der Kampf um Raum?

Der Drang nach Raum

Ein großes Territorium ist in der Tierwelt von großem Vorteil. Je größer die Obstwiese des Männchens ist, desto mehr Früchte stehen ihm zur Verfügung. Damit kann er nicht nur für sich sorgen, sondern auch allen anderen Weibchen signalisieren: Ich habe genug, um für dich und auch für unsere Nachkommen zu sorgen. Das macht attraktiv und erklärt den Kampf um das Revier. Lange Zeit galt das auch für uns Menschen. Territorium war also mit Wohlstand gleichzusetzen.

Interessanterweise ist viel Territorium für den Wohlstandserwerb heute irrelevant. Ein gut gefülltes Konto würde reichen. Aber nein, wir brauchen offensichtlich ein Sinnbild für viel Geld. Deswegen ist das Grundstück oder die Wohnung groß, nahezu immer größer als die eigenen Ressourcen. Keine Sorge, die Bank überdeckt diesen Imageschwindel und nennt viele Gründe, die nach Vernunft klingen. Selbst wenn kluge Rechner nicht müde werden, zu erklären, dass der Erwerb eines Eigenheims in vielen Fällen ein Investment-Nonsense ist. Aber dieses Signal nach Wohlstand und Sicherheit ist nun mal tief in uns verankert und bleibt deshalb für viele Menschen das ultimative Ziel. Je mehr Ressourcen, also Geld, vorhanden sind, desto mehr Freiraum wird rund um den eigenen Lebensraum geschaffen. Tür an Tür im engen Hochhaus wohnen selten Wohlhabende und Reiche. Das bleibt denen mit begrenzten Ressourcen vorbehalten. Wer es sich leisten kann, kauft sich ein Haus. Wenn auch weit draußen, aber Hauptsache, man hat die eigenen vier Wände mit Garten. Der Garten, so klein, dass man mit dem Rasenmäher nicht umdrehen kann, das Haus eine Scheibchenvilla, also ein Reihenhaus, aber eben schon mehr Raum als in der Mietkaserne. Der Nachbar ist damit schon etwas zurückgedrängt worden. Ab einem gewissen Wohlstand ist das Haus frei stehend. Mit großem Garten außen herum. Der Mitbewerber wird noch weiter auf Abstand gehalten. Und wer es wirklich geschafft hat, verfügt über eine Zufahrt zum Haus, die mehrere Hundert Meter lang ist. Nicht, weil man sich dort so viel aufhalten würde. Nein, es ist ein Signal von Macht, Territorialbesitz und Abstand.

Aber Moment: Was nützt die große Villa mit Zufahrt, wenn alle Weibchen einfach daran vorbeigehen? Es bleibt selbst dem wohlhabendsten Männchen nicht erspart, auch mit seiner Körpersprache auf sich aufmerksam zu machen. Die Natur hat da ein paar interessante Strategien auf Lager.

Balzen bis zum Umfallen

Der Schnellste, Stärkste, Klügste, Lustigste, Mächtigste zu sein, stresst. Wer hier nicht mithalten kann oder von den »Coolen« zumindest akzeptiert wird – wenn auch nur als loyaler »Zujubler« –, hat es schwer. Googeln Sie mal *Why men live shorter*, und Sie werden sehen, wie weit Männer gehen, um herauszustechen oder zumindest dabei zu sein.

Besonders wenn es um die Partnersuche geht, treiben es manche Männer ganz schön weit. So affig einige Aktionen sein mögen, gehen Tiere manchmal noch weiter.

Paradiesvögel zum Beispiel. Bei denen sitzen mehrere Weibchen auf einem Ast und beobachten die Männchen auf dem gegenüberliegenden Ast, die aufwendige Gesangs- und Flügelschlagtänze aufführen. Die Tanzenden bieten eine Show, die sich gewaschen hat, denn sie wissen genau, dass das der Moment ist, der zählt. Würde sich einer zurückhalten und Kräfte sparen wollen, würde er die Aufmerksamkeit seines Wunschweibchens nicht bekommen, und ein anderer Vogelgenosse käme zum Zug. Manche verausgaben sich dabei so stark, dass sie zu Boden fallen und mit einem Kreislaufkollaps liegen bleiben. Sie gehen also bis ans Äußerste, um die beste Vogelfrau abzubekommen. Ganz so wie manche Menschenmännchen beim Balzen.

Nun sind nicht alle jungen Männer stark, laut, kräftig und waghalsig. Keine Sorge, das Spiel um Durchsetzung können Sie auch im intellektuellen Bereich beobachten. Studienkollegen übertrumpfen sich mit ihrem Wissen, messen sich mit den innovativsten Theorien, dem grandiosesten Investmenttipp, der besten Start-up-Idee, dem besten Witz, dem abenteuerlichsten Erlebnis. Oder nehmen Sie Statussymbole, den Muskelquerschnitt, Reiseerlebnisse – ach, ich könnte hier eine endlose Liste anfertigen. Das Prinzip dahinter bleibt immer gleich. Es geht darum, den anderen möglichst auszustechen. Nicht immer offensiv und laut, manchmal subtil. Der andere muss es auch nicht immer als Niederlage verstehen, die Bewunderung reicht schon. Damit ist der Run auf das Weibchen entschieden. Das ist ein enormer Stress, dem nicht alle gewachsen sind.

Wenn Balzen überfordert

Das ist nicht immer lustig und erfordert einiges an Kraftaufwand. Es merken vor allem jene, die sich schwerer damit tun, bei dem »Spiel« mitzuspielen. Eine Bekannte hat einen Sohn, bei dem mit acht Jahren Autismus diagnostiziert wurde. Vor der Diagnose war ihr aufgefallen, dass er nahezu nie mit anderen Jungen spielte. Die üblichen Kämpfe unter Jungen verlangen Mut, Kraft, Schnelligkeit und auch ein Stück weit Rücksichtslosigkeit. Sie bemerkte, dass ihn das zu überfordern schien, weswegen er sich oft in die Einsamkeit zurückzog. Seine besten Freunde waren schon immer Mädchen, in deren Umgebung er sich wohlfühlte. Ihr Spieltempo war langsamer, und die Spiele drehten sich mehrheitlich um gemeinsames Erleben oder Arbeiten an einer gemeinschaftlichen Sache. Das schien ihn weniger zu stressen. In meiner jahrelangen Arbeit mit Autisten und deren Angehörigen ist mir bewusst geworden, wie viel Stress dieses ständige Konkurrieren verursacht. Bei diesen besonderen Menschen wirkt sich das besonders stark aus.

Alterseinsamkeit ist männlich

Das Immer-gewinnen-Wollen hat Auswirkungen auf das Sozialleben. Nicht, dass Männer nicht mitfühlend wären. Sie helfen sich schon auch gegenseitig. Allerdings in weit geringerem Maße, als Frauen das tun. Ist eine Frau krank, wird sie von ihren Freundinnen umsorgt. Per SMS fragen die nach ihrem Wohlbefinden, die eine bringt Suppe vorbei, die andere Lesematerial. In diesem Netzwerk gesundet sie. Ist ein Mann krank, bekommt er von seinen Kumpels maximal eine SMS: *Meld dich, wenn du wieder gesund bist. Falls es schlimmer wird, schreib mich in dein Testament.*

Der Zusammenhalt unter Frauen ist in jeder Lebenssituation bestimmend. Männer haben mehr damit zu tun, sich voneinander abzugrenzen, als sich Hühnersüppchen zu kochen. Das wirkt sich im Alter leider dramatisch aus.

Der eine alleinstehende Mann, der ein neues Haus gekauft hat, wird früher oder später zu einem Grillabend in der Nachbarschaft eingeladen. Sehr bald fällt die Einordnungsfrage schlechthin: Was arbeitest du? Vielleicht erzählt er nun über seine beruflichen Erfolge, seine Auslandsreisen, sein Zweithaus im Süden und darüber, wie viel er verdient und wie viele Leute er »unter« sich hat. Die Gesichter der Anwesenden sind interessiert, sie hören ihm beeindruckt zu, ohne selber viel über sich zu erzählen. Nicht zuletzt, weil er sie seinerseits nicht fragt, was sie beruflich machen. Zu sehr genießt er es, von seinen Erfolgen zu reden. Dabei macht er das recht stilvoll, gar nicht protzig, und doch kommt die Botschaft an: Leute, ab jetzt habt ihr einen neuen Silberrücken als Nachbarn!

Tja. Hoffentlich hat er den Grillabend genossen, denn es war möglicherweise sein letzter in der Nachbarschaft. Wer will schon einen Abend lang den Heldentaten eines anderen lauschen und gleichzeitig spüren, dass man selbst es nicht ganz so weit gebracht hat. Aber den Silberrücken wird das Ausbleiben der Einladungen gar nicht so stören. Schließlich schreibt er bis Mitternacht E-Mails und verbringt auch viele Wochenenden mit dem Voranbringen seiner Karriere. Der Statusgewinn, das Ansehen und der Zuspruch machen ihn blind dafür, dass er von seinen Nachbarn wenig mehr als ein oberflächliches Hallo zu hören bekommt. Zudem »hätte er sowieso keine Zeit« für mehr. Tja, bis zu dem Zeitpunkt, wo er von der Firma verabschiedet wird. Mit Eintritt in die Rente ist seine Visitenkarte nämlich plötzlich nichts mehr wert, dass er mal Manager war, interessiert in der Nachbarschaft keinen mehr. Jetzt bräuchte er Einladungen zum Grillen. Wenn er klug ist, veranstaltet er nun seinerseits einen Grillabend und lädt alle Nachbarn ein, um den Pensionsantritt zu feiern. Vielleicht schafft er es auch, den anderen zuzuhören und Freude an ihren Lebensgeschichten zu finden. Denn damit hätte er deren Status erhöht. Aber wahrscheinlich spricht er lieber davon, wie wichtig er in seinem Leben war.

Markieren

Immer wieder bin ich bei Gerichtsprozessen anwesend und beobachte das Geschehen aus körpersprachlicher Sicht. Bei einem Vorgespräch mit einem Angeklagten waren sein Anwalt und ich im Raum. Es mussten noch rechtliche Fragen in Bezug auf den Prozess geklärt werden. Irgendwann während des Gesprächs klingelte das Telefon des Angeklagten. Er, ein Hüne mit breitem Kreuz, stand

auf und begann zu telefonieren. Sein Blick wirkte bedrohlich, denn er hielt den Kopf nach vorn geneigt und stierte geradeaus. Dabei lehnte er sich gegen eine Wand. Aber wie! Die eine Hand hielt das Handy am Ohr, Ellbogen weit abstehend. Der andere Arm etwas über Kopfhöhe durchgestreckt gegen die Wand gestützt. Das von der Wand abseitige Bein am Boden, das andere lässig überkreuzt, mit der Fußspitze am Boden.

Er war wahrlich nicht zu übersehen, der Gute. Das Gespräch wurde immer intensiver, das konnte man an Lautstärke und Sprechtempo erkennen. Irgendwann begann der Mann im Raum herumzugehen. Breitbeinig, die Fußspitzen nach außen, als würde er Schlittschuh laufen. Während er telefonierte, schlug er mit dem Handrücken der freien Hand auf alles, was ihm in die Quere kam. Die Tür, *bam*. Der Schrank, *bam*. Eine Wand, *bam*. Ein freier Stuhl, *bam*. Klopfend maß er den gesamten Raum ab. Mir blieb der Mund offen stehen. Denn wissen Sie was? Genau das Gleiche machen Gorillas, um ihr Territorium abzustecken. Die laufen herum und klopfen auf alles, was sich in ihrem Radius befindet, entweder mit der Hand oder mit einem Zweig. Damit signalisieren sie: Meins, alles meins!

Dass so ein Verhalten provokant und damit auch konfliktträchtig ist, scheint offensichtlich. Und Männer gehen üblicherweise mit dem Territorium anderer achtloser um, weil sie sich eher einen Konflikt leisten können. Und das hat mit ihrer Anatomie zu tun, wie wir gleich erkennen werden.

Wo Frauen und Männer zuerst hinsehen

Mit diesem Mann wollte man keinen Streit beginnen. Seine Statur *versprach* Wehrhaftigkeit. Groß, muskulös, breite Haltung. Wir erinnern uns an die zwei Freundinnen in der Bar. Würden wir sie fragen, was sie bei den Männern am Tresen als Erstes wahrgenommen haben, würden sie wahrscheinlich das Gesicht nennen, vielleicht auch spezifischer, die Augen, den Mund. Damit liegen sie ziemlich im Durchschnitt dessen, was die meisten Menschen meinen, im ersten Moment beim anderen wahrzunehmen. Manchmal wird auch die Kleidung genannt oder die Hände, vielleicht auch die Zähne. Nur die lustigen Männer meinen, dass Frauen zuerst auf die Geldbörse eines Mannes schauen.

Hahaha. Und die besonders lustigen Frauen glauben, dass Männer auf die Augen schauen. Aber nicht *diese* Augen. Hihihi. Hach, wie oft haben wir über diesen Stammtischwitz gelacht!

Dabei schauen wir zuerst ganz woanders hin und zwar alle. Männer und Frauen, egal welchen Alters, egal welcher Kultur. Wir sehen zuerst die Umrisse unseres Gegenübers.[18] Bevor Sie Augenfarbe, Zahnstellung und Fingerform eines Menschen wahrnehmen, wissen Sie, ob Ihr Gegenüber Hüne oder Gartenzwerg ist. Offensichtlich aus gutem Grund. Früher, als die Menschen in freier Wildbahn lebten, war es entscheidend, schnell zu erkennen, ob da ein Riesenviech auf einen zuläuft oder ein kleines, denn größere Tiere waren potenziell gefährlicher. Hier blitzschnell zu sein, war fürs Überleben wichtiger als schöne Zähne oder manikürte Nägel. *Comprende?*

Ein augenscheinliches Geschlechtssignal

Die Körpergröße ist ein erster Hinweis darauf, um welches Geschlecht es sich handelt. Frauen sind im Schnitt um einiges kleiner als Männer. Es gibt Unterschiede in verschiedenen Ländern und Kulturen. Aber es bleibt dabei: Männer sind größer, Frauen kleiner. Das liegt daran, dass sich Mädchen früher entwickeln, früher reif sind und somit das Größenwachstum einstellen. Sie sind schon ausgewachsen, wenn Jungen noch weiterwachsen.

Und wissen Sie was? Frauen unterstützen das. Bei der Auswahl von Partnern gilt als eines der Topkriterien: Er muss größer sein als sie. Ziemlich sicher ist das auch bei Ihnen so.[19] Damit wird das Größenverhältnis von Mann und Frau an die nächste Generation weitervererbt. Wir perpetuieren damit etwas, das früher einmal Sinn machte.

Auswahlkriterium Nummer eins

Frauen hielten in der gesamten Menschheitsgeschichte immer nach Männern Ausschau, die signalisierten, dass sie gesund und fit waren. Von diesen Männern konnten die Frauen erwarten, dass die gemeinsamen Nachkommen mit etwas ausgestattet werden konnten, das sie selbst nicht in gleichem Maße mitbrachten: Kraft! Und Größe war und ist ein Marker dafür. Eine geringere Körperlänge konnte ein Hinweis auf Mangelernährung, Krankheit oder sonstige negative Umwelteinflüsse gewesen sein.[20] Wohingegen ein groß gewachsener Mann klar signalisierte: »Meine Entwicklung wurde nicht gestört. Ich bin kräftig und gesund.« Diese Elemente können wir nicht ausblenden. Sie sind genetisch fest verankert.

Größe, das unabänderliche Signal

Frauen belächeln kleinere Männer schon ab und an, auch Witze kursieren über sie. Jedenfalls kommen sie für die meisten Frauen als Partner nicht infrage. Aus diesem Grund haben es sehr groß gewachsene Frauen ebenfalls nicht ganz leicht auf dem Partnermarkt. Allerdings werden sie seltener belächelt als vielmehr bemitleidet. Von anderen Frauen. Warum? Hier wird das Bindungsverhalten unter Frauen deutlich, während Männer in die Witze über zu kurz Geratene freudig einstimmen: »Wieder ein Konkurrent weniger im Feld.« Dabei sollte man sich immer vor Augen führen, dass dieses körperliche Merkmal weder willentlich gestaltet wurde, noch aus dem Leben verbannt werden könnte.

Größe und Macht

In hoch entwickelten Gesellschaften wäre die Körperlänge an sich irrelevant. Heutzutage muss der Mann die Kohle nur von einem Konto aufs andere schaufeln, mehr noch, die meisten Frauen können sehr gut für sich selber sorgen. Körpergröße spielt da überhaupt keine Rolle. Und doch sucht der überwiegende Teil der Frauen einen Mann, der sie überragt. Kulturunabhängig.[21] Das uralte Junktim – Größe = Kraft = Sicherheit – ist immer noch präsent.

Manchmal muss ich schmunzeln, wenn Menschen gar so sehr darauf pochen, ausschließlich auf innere Werte zu achten. Klar machen sie das. Aber nur auf die inneren Werte derer, die ins Größenschema passen.

Größe im Job

Körpergröße hat auch im beruflichen Umfeld Implikationen, die wir nicht übergehen können. Im ersten Augenblick haben große Menschen mit breiten Schultern tatsächlich Vorteile. Der vielleicht größte ist, dass sie in einer Gruppe früher wahrgenommen werden als die U-Boote, die mit 1,60 Meter durch die Menge pflügen. Sie sind Leuchttürme, die Orientierung geben. Leuchttürme – das gefällt Ihnen, gell! Tja, wir U-Boote haben hier erst mal gar nichts zu sagen von wegen: »Aber die inneren Werte zählen!« Oder: »Klein, aber oho!« Vergessen Sie das erst mal! Im ersten Moment ziehen wir den Kürzeren. (Achtung: Wortwitz. Billig.) Wer zuerst wahrgenommen wird, weil er beziehungsweise sie aus der Menge herausragt, dem werden eher Führungsqualitäten zugeschrieben. Das lässt sich ziemlich gut an Evidenzen ablesen. Im Schnitt sind die meisten Regierungsoberhäupter größer als der Durchschnitt der Bevölkerung.[22] Jetzt fallen Ihnen vielleicht ein paar Gegenbeispiele ein wie Nicolas Sarkozy oder Napoleon, der sogar für den berühmten gleichnamigen Komplex Pate gestanden hatte.

Erstens war Napoleon für damalige Verhältnisse durchschnittlich groß, manche Historiker gehen sogar von leicht überdurchschnittlicher Körpergröße aus. Zweitens ist der von dem Psychologen Alfred Adler geprägte Begriff »Napoleon-Komplex« wohl nicht viel mehr als eine urbane Legende. In Studien jedenfalls ist er nicht nachweisbar. Aber er dient uns, um bestimmte Vorurteile zu verstärken, weil wir selektiv wahrnehmen. Uns fallen kleine Menschen in Führungspositionen auf, während wir der überwiegenden Mehrzahl der groß gewachsenen Führungskräfte keine besondere Beachtung schenken.

Es stimmt auch, dass kleine Menschen im Schnitt weniger verdienen.[23] Das liegt daran, dass sie es auf der Karriereleiter seltener bis nach ganz oben zu den großen Geldtöpfen schaffen.

Wir könnten noch ziemlich lang fortfahren und würden immer zum gleichen Schluss kommen: Wenn es um Wirkmechanismen auf der Führungsebene geht, haben große Menschen einen Vorteil. Sie vermitteln körpersprachlich seit jeher, dass sie eher in der Lage sind, den Überblick zu bewahren, und deshalb wissen, wo's langgeht.

Um es bildhaft zu machen: Wenn eine 1,62 Meter große Frau eine Führungsaufgabe bei einem Werkzeughersteller übernimmt, zählt im ersten Moment genau das, was ihre Mitarbeiter sehen. Und das sind die Umrisse. Sind ihre Teammitglieder durchweg Männer, alle um einen Kopf größer, Schultern so breit, wie die Frau lang ist, dann kann sie sich nicht herausstehlen mit: »Aber ich bin schon sehr kompetent!« Der erste Eindruck zählt, während sie noch stolz auf ihre hohen Hacken hinunterschaut.

Männer wissen, dass dieser Längenunterschied dazu beiträgt, als Mann wahrgenommen zu werden, deshalb betonen sie ihn auch mit einer besonders aufrechten Haltung, einem hochgereckten Kinn, *Bauch rein, Brust raus!* zielt letztlich auch auf ein Strecken des Rumpfes ab. Ein ehemaliger österreichischer Landeshauptmann – entspricht einem deutschen Ministerpräsidenten – klein von Statur, hob beim Sprechen alle paar Sekunden die Fersen vom Boden ab und behielt diesen Zehenstand für einen Augenblick bei, bis er wieder nach unten wippte, um dann wieder von vorn zu beginnen. Nicolas Sarkozy, der von seiner Frau Carla Bruni deutlich überragt wird, stellt sich bei Fototerminen schon mal auf die Zehenspitzen, um den Größenunterschied geringer erscheinen zu lassen, und Tom Cruise wird in seinen Actionfilmen immer so in Szene gesetzt, dass keiner merkt, dass er eigentlich weit unter dem Durchschnitt gewachsen ist. Nicht nur achtet er darauf, dass vornehmlich kleine Frauen mit ihm abgelichtet werden, oft sieht man ihn ohne direkte Begleitung. Denn er weiß, um die Größe zu erkennen, brauchen wir immer einen Vergleich. Einen Türrahmen, einen Stuhl oder einen anderen Menschen. Neben den statistischen Zentimetermaßen ist also der direkte Vergleich mit dem Gesprächspartner oder der Gruppe entscheidend. Und da zeigt sich eben: Groß schlägt klein. Nicht nur bei der Partnersuche.

Nach diesem Signal suchen Frauen

Zurück zu dem Hünen im Anwaltsgespräch. Er war groß, aber nicht schmächtig. Nein, sein Oberkörper verbreiterte sich zu den Schultern hin. Und wie! Eines der signifikantesten Geschlechtsmerkmale. Denn ab der Pubertät verstärkt sich die V-Form des

Oberkörpers bei jungen Männern deutlich. Bei den Mädchen verändert sie sich in diesem Alter auch, aber linearer.[24] Das bedeutet, sie werden jedes Jahr ein wenig breiter, während es bei den Jungen zu einem regelrechten Schub kommt. »Ein breites Kreuz«, wie es umgangssprachlich heißt, ist der »totale Bringer«. Was zählt, ist das Verhältnis von Schulter zu Hüftbereich, das sich von oben nach unten verjüngen und in die gewünschte V-Form münden soll. Es ist ein sichtbarer Unterschied zur Sanduhrform des weiblichen Körpers. Wissenschaftliche Untersuchungen belegen, dass diese Männer attraktiver, dominanter und gesünder sind.[25] Aber Achtung, meine Damen! Die Cornettos sind besonders früh sexuell aktiv, wechseln die Partnerinnen häufiger und haben öfter Sex außerhalb der Beziehung.

Männer wissen um den Reiz der V-Form und betonen das mit ihrer Kleidung. T-Shirts, Sakkos und Mäntel sind so geschnitten, dass sie eine V-Form unterstreichen. Auf dem breitesten Teil der Brust beziehungsweise des Rückens prangen die Prints, Schriften und Symbole der T-Shirts. Selten auf dem Bauch. Das würde ja diesen Teil betonen. Muss man nicht. Ist schon genug da. Nein, die Deko bleibt im oberen Drittel.

Wir wollen hier niemandem etwas unterstellen, aber der Schluss liegt nahe, dass die gepolsterten Schultern dem Wunsch nach möglichst breiten Schultern ein willkommener Trick sind. Bestätigt wird das, wenn man Menschen im Fitnesscenter beobachtet, wo man einiges über ihren Wunschkörper erfährt. So klein wie der Männeranteil beim Bauch-Beine-Po-Kurs ist, so klein ist der Frauenanteil bei Schulter- und Brustmuskelgeräten. Es wird eben jenem Körperteil besondere Aufmerksamkeit geschenkt, von dem man (unterbewusst) weiß, dass er auf die Geschlechtszugehörigkeit hinweist.

Ein männlicher Blick

Der Blick des Hünen im Anwaltsbüro ließ auch letzte Zweifel an seiner Durchsetzungskraft verschwinden. Seine Kopfhaltung und die besondere Schädelform des Mannes zeigen: *Ich bin kräftig und kampfwillig!* Männer identifizieren sich gerne damit. Nicht umsonst ist David Beckham als Werbefigur für Männerprodukte ziemlich gut geeignet. Er ist groß, hat breite Schultern und eine breite Brust, sein Oberkörper formt von der Hüfte zu den Schultern ein V, er hat leichte O-Beine und geht breitbeinig. Wenn er eine Tasche trägt, dann mit Ellbogenabstand zum Rumpf. Die Männermodeindustrie ruft: »Heißa!« All das kennen wir mittlerweile. Aber er verfügt noch über ein Signal, das den Unterschied zwischen Frau und Mann betont. Die Stirn, vor allem im Bereich der Augenbrauen, ist bei ihm besonders markant geformt. Dieser Überaugenwulst ist bei Männern stärker entwickelt als bei Frauen, das lässt ein Männergesicht auf den ersten Blick schon anders erscheinen als ein Frauengesicht. Beckham unterstreicht diese Eigenschaft und neigt auf Werbefotos den Kopf leicht nach vorn und zieht die Augenbrauen ein wenig zusammen. Damit wirkt dieser Unterschied noch mal stärker. Er schaut auf diese Weise mit tief liegenden Augen in die Ferne, wodurch sich kaufkräftige Kunden denken sollen: *Mit dieser Lederjacke wirke ich so männlich wie David.* Dabei ist es weniger die Jacke als vielmehr die große Zahl an Männlichkeitssignalen, die die Aufmerksamkeit erregen. Sollten Männer jetzt ein Minderwertigkeitsgefühl gegenüber dem Ex-Fußballer entwickeln, kann ich Sie beruhigen: Beckham spricht nie in einer Werbung. Aus gutem Grund. Seine Stimme würde diesen körpersprachlichen Eindruck der Männlichkeit unterlaufen, denn sie ist nicht besonders tief.

Zurück zur Stirn und den leicht zusammengezogenen Augenbrauen. Diesen Ausdruck zeigen Männer gern auf Instagram oder Tinder, wenn sie den Beau geben wollen oder Clint Eastwood heißen. Der macht das nämlich auch. Im Wild-West-Film *Für eine Handvoll Dollar.* Beim Duell.

Aber die angeborenen Unterschiede sind nicht genug, um der Umwelt die Geschlechtszugehörigkeit zu zeigen.

Das Grundprinzip der männlichen Körpersprache

Bart und Muskeln allein *versprechen* kein Geschlecht

Groß, breite Schultern, markante Schädelform. Das muss doch reichen, um als Mann wahrgenommen zu werden. Wirklich? In der norditalienischen Stadt Padua habe ich beobachtet, dass in einem Parfümerieladen die meisten Frauen den Mann hinter dem Verkaufstresen ignorierten und sich automatisch an die eine Verkäuferin wandten, um sich beraten zu lassen – von Frau zu Frau. Nur um im Gespräch festzustellen, dass »sie« auch ein Mann war. Über die Bewegungen, die Kleidung und das Makeup sandte »er« das *Versprechen* aus: *Ich bin eine Frau.*

Die angeborenen Unterschiede im Körperbau sind also nicht genug, um sich geschlechtsspezifisch zu positionieren.

Stellen Sie sich einen stark behaarten, muskulösen Mann vor, der keck die Hüfte ausstellt, sich weiblich mit dem Finger durchs Haar fährt und Ihnen einen Kussmund zuwirft. Es würde Sie wahrscheinlich überraschen.

Wenn er als Mann wahrgenommen werden möchte, folgt er einem simplen Prinzip. Er macht die kleinen Differenzen beim Körperbau viel größer, als sie eigentlich sind – und zwar mit seinen Bewegungen. Diese müssen Männlichkeit *versprechen.* Damit das unmissverständlich geschieht, müssen Körper und Körpersprache in die gleiche Richtung deuten.

Arme und Ellbogen

Männer bewegen ihre Arme beim Gehen anders als Frauen. Zum einen schwingen sie sie eher nach vorn, während Frauen die Arme auch ein wenig nach hinten schwingen. Probieren Sie das gern mal aus. Gehen Sie aufrecht, und schwingen Sie Ihre Arme weniger nach vorn als vielmehr bis hinter die Hüften, das wird ungewohnt für Sie als Mann sein. Damit wirken Sie automatisch etwas femininer. Das Nach-vorn-Schwingen geht vor allem vom *Musculus pectoralis* und dem *Musculus latissimus dorsi* aus. Diese Brust- und Rückenmuskeln sind beim Mann stärker entwickelt – je stärker, desto mehr geht die Schwingung nach vorn. Beobachten Sie muskelbepackte Bodybuilder, und Sie werden das deutlich sehen können. Natürlich gibt es auch Frauen, die diese Muskeln stark entwickelt haben, aber sie bilden mittlerweile die Ausnahme. Früher war das anders, da hat die schwer arbeitende Bäuerin ihre Arme ebenfalls auf diese Weise bewegt, doch in unseren Breiten sehen Sie das heute immer weniger – ein Indiz dafür, dass wir uns im Verhalten immer stärker unterscheiden.

Die kräftigen Brust- und Rückenmuskeln drehen die Oberarme an den Schultern ein wenig nach vorn. Damit entsteht ein Abstand zwischen Ellbogen und Rumpf. Die Silhouette wirkt deutlich breiter. Beobachten Sie mal Männer beim Telefonieren. Gar nicht wenige halten ihre Ellbogen weit ab, während sie den Hörer ans Ohr pressen. Denken Sie an unseren Angeklagten. Das werden Sie bei Frauen sehr selten sehen. Die breitere Haltung beim Ellbogen und Armschwingen ist auf große Distanz wahrnehmbar. Damit ist schon von Weitem klar, ob uns ein Mann oder eine Frau entgegenkommt.

Männer und ihre Brust

Männer hauen nicht nur auf Gegenstände oder anderen Männern auf die Schulter. Sie hauen auch sich selbst auf die Brust. Und senden damit ein Signal vergleichbar einer Trommel – das älteste, extrakorporale Musikinstrument. Ein Baumstamm, am besten hohl, um Resonanz zu erzeugen, hat wohl nicht erst der moderne Mensch benützt, sondern auch schon seine Vorfahren. Aber nicht um Rhythmen und Musik zu erzeugen, sondern um sich auch über eine große Distanz bemerkbar zu machen und anderen Signale zu geben. »Hört her, da bin ich! Und ich bin groß und stark!« Um letzteres zu kommunizieren, kommt es auf den Klang der Trommel an. Wer auf diese Weise sein Territorium markieren will, sollte sich eher nicht für eine Triangel entscheiden. Eine richtig fette, tiefe Drum schindet da mehr Eindruck. Gorillamännchen und Menschenmännchen haben ihre Trommel sowieso stets dabei – den Brustkorb. Auf dem trommeln sie immer wieder mal herum. Manchmal mit einer Hand, gern aber auch mit beiden Faustinnenseiten, schnell auf die linke und rechte Seite der Brust. Je größer die Brust, desto tiefer der Ton, der dabei entsteht. Damit senden sie deutlich ein Signal von Größe und Dominanz aus.[26]

Die Faust oder die Hand landet etwas unterhalb des Schlüsselbeins. Der Klang bildet sich effektiver dort, wo wenig Muskeln und wenig Fettgewebe über dem Rippenbogen liegen. Manche Männer klopfen ordentlich drauf, was wohl ein Hinweis auf Stärke und Widerstandsfähigkeit sein soll und eher bei Männern zu beobachten ist, die einer Tätigkeit nachgehen, die viel körperliche Kraft verlangt. Bei Buchhaltern und Nähgarnverkäufern eher weniger verbreitet.

Es muss nicht immer der harte Schlag gegen die Brust sein, oft reicht ein leichtes Klopfen mit der flachen Hand. Zwei Mal schnell mit der Handfläche auf die eigene Brust geklopft, signalisiert emotionale Nähe zwischen Männern. Wenn wir diese Begrüßungsform mit den Umarmungen und den Wangenküsschen bei Frauen vergleichen, erkennen wir schnell, wie unterschiedlich die Kommunikation innerhalb der Geschlechter ist.

Warum so breit?

Auf einer Autobahnraststätte stand ich in der Warteschlange vor dem Kaffeeautomaten. Vier Personen befanden sich vor mir, unmittelbar vor mir ein Mann, von dem ich dachte, er sei Lkw-Fahrer. Seine tief hängende Jeans, das abgenutzte T-Shirt und die Crocs an den Füßen ließen mich das vermuten. Mit verschränkten Armen, breitbeinig, deutlich breiter als schulterbreit markierte er seinen Platz und ließ auch links und rechts niemanden vorbei. So weit war das nicht ungewöhnlich. Aber das, was nun folgte, war eine körpersprachliche Besonderheit. Je näher er an den Automaten rückte, desto intensiver spickte er an seinen Vordermenschen vorbei, um die Mechanik des Geräts zu verstehen. Kassenbon rein, Getränketaste drücken, Kaffeesorte, Süßstoff, Milchschaum, Kakaopulver auswählen. Das war gar nicht so einfach. Je mehr er sich mit dem Automaten beschäftigte, desto weiter lehnte er sich nach vorn. Mittlerweile stand er schon neben seinem Vordermann und versuchte, die Bedienungsschritte nachzuvollziehen. Verständlich, denn er wollte Informationen sammeln, beugte sich also in Richtung Maschine, um die Augen näher an die Quelle zu bringen. Bemerkenswert war seine Fußstellung. Je unsicherer er wurde, desto enger rückten seine Beine zusammen. Zuerst hüftbreit, dann war nur noch eine Handbreit zwischen seinen Füßen. Noch einen Moment später standen die Füße so eng, dass sie sich berührten, und am Ende überkreuzte er die Beine, als müsse er dringend aufs Klo. Augenscheinlich reklamierte er zunehmend weniger Territorium für sich.

Dieses Erlebnis verdeutlicht, dass Menschen mit ausladender Körperhaltung signalisieren: Hier kenne ich mich aus! Das vermittelt den Umstehenden in bedrohlichen Situationen Sicherheit. Denn wenn wir unsicher sind, uns fremd fühlen oder peinlich berührt sind, wollen wir den Ort des Geschehens verlassen. Wenn das nicht geht, machen wir uns so klein und unsichtbar wie möglich. Damit geben wir der Bedrohung wenig Angriffsfläche, werden vielleicht sogar übersehen. Gleichzeitig halten wir Ausschau nach jemandem, der Sicherheit ausstrahlt. Und das erkennen wir an der Körperhaltung. Wie der Feuerwehrmann, der breitbeinig seine Kommandos herausbrüllt, um die Brandbekämpfung zu koordinieren, während alle Laien versuchen, sich wegzuducken und abzuhauen. Das erklärt den Reiz von Männern, sich breitbeinig aufzustellen: »Ich kenne mich aus!« Es kann also ein Signal von Stärke und Erfahrung sein. Aber Achtung: Nur (!) in bestimmten Situationen, zum Beispiel in Notsituationen wie oben beschrieben. In den meisten anderen Fällen fühlen sich Menschen unwohl, weil die Haltung des Breitstehers signalisiert: Vom gemeinsam verfügbaren Raum nehme ich mehr in Anspruch! Das führt schon mal zu einem Gefühl der Grobheit oder Antipathie.

Die Handhaltung der Männlichkeit

Der klischeehafte Mann steht breit und zeigt damit auch, dass er sich nicht scheut, gesehen zu werden. Ein Dominanzsignal. Gerne betont er auch mal jenes Körperteil, das ihn eindeutig von der Frau unterscheidet. Er macht das, indem er beide Hände in die Hosentaschen steckt. Beine breit, Ellbogen weit abstehend, die Hände in den Taschen vergraben – das sieht aus wie ein X. Wobei alle vier Extremitäten auf die Körpermitte weisen. So mancher Mann lässt aber auch die Daumen aus den Hosenta-

schen hervorlugen. Sie zeigen damit wie Richtungspfeile zum Schritt.

In manchen Fällen sieht man Männer, die es genau umgekehrt machen. Sie hängen ihre Daumen in die Hosentaschen und lassen die restlichen vier Finger nach unten zeigen. Das bildet auf wundersame Weise einen Bilderrahmen rund um den – Sie ahnen es – Schritt. Und wenn das auch noch nicht eindeutig genug ist, wippt er mit der Hüfte rhythmisch

nach vorn. Große Gürtelschnallen, Hosen, deren Nähte zu dieser Körperstelle verlaufen, alles subtile Signale, um das zweifelsfreie Unterscheidungsmerkmal zwischen Mann und Frau zu betonen.

Manspreading, breiter Stand, ausladendes Armeschwingen, die Ellbogen am Bartresen auflegen, den Fuß beim Telefonieren auf die Parkbank stellen, den Arm auf die Lehne des Nachbarstuhls legen … die Liste würde zu lang werden, um alle einschlägigen Signale aufzuführen. Landläufig meint man, diese Signale sollen Frauen beeindrucken. Weit gefehlt. Diese Signale gelten eher den eigenen Geschlechtsgenossen: Wer sich groß und breit macht, signalisiert Kraft und verdrängt andere. Dieses nonverbale Messen der Kräfte führt zu unausgesprochenen Abmachungen, die in den meisten Fällen von allen akzeptiert werden. Sollten sich die Frauen das nicht ebenfalls zu eigen machen?

Müssen sich Frauen vermännlichen, um nach oben zu kommen?

»Als Frau wird man nicht ernst genommen.« »Nur ›Mannweiber‹ schaffen es bis ganz nach oben.« »Die Rücksichtsloseste gewinnt.« »Wer nicht knallhart ist, wird als Chefin nicht ernst genommen.« »Auf Führungsebene zählen nur männliche Signale.«

Derartige Aussagen kursieren immer wieder. Man müsse sich als Frau eben dieser Körpersprache anpassen. Bei einem Vortrag, den ich vor Lehrkräften gehalten hatte, kam im Anschluss eine etwa 55-jährige Teilnehmerin auf mich zu, die in etwa so klein war wie ich. Ihre Schule war eine Hauptschule, und sie sagte zu mir: »Wenn ich eine neue Klasse übernehme, stelle ich mich am ersten Tag folgendermaßen vor die Schülerinnen und Schüler hin – sie ging in Position: Beine besonders breit, Arme in die Seiten gestemmt. »Ich mache das, um gleich von der ersten Minute an klarzustellen, wer hier das Sagen hat.« Die Arme hat übersehen, dass sie damit von Anfang an Konflikte provoziert. Wer zu Beginn zu sehr auf seinen Status und sein Territorium achtet, erreicht damit erst mal keine Akzeptanz als Alphaperson. Im Gegenteil, er fordert heraus. Besonders, wenn es sich um pubertierende Hauptschüler mit einer Testosteronproduktion wie eine mittlere Coca-Cola-Fabrik handelt. Souverän ist, wer zeigt, dass er nicht unmittelbar um seinen Status kämpfen muss.

Der menschliche Gang

Von allen körpersprachlichen Signalen hat der Gang die stärkste Fernwirkung. Tempo, Schrittgröße, Neigung des Oberkörpers verraten uns viel über einen Menschen, lange bevor er sich uns genähert hat, und wir erkennen in den meisten Fällen, um welches Geschlecht es sich handelt.

Was auf den ersten Blick vielleicht verwundert, denn im Grunde gehen wir alle gleich. Wir setzen einen Fuß vor den anderen und verlagern das Gewicht von einem Bein aufs andere. Und doch sieht es bei Frauen anders aus als bei Männern.

Lassen Sie uns zuerst über die Gemeinsamkeiten sprechen.

Der aufrechte Gang war eine der großen Errungenschaften der Evolution. Der Bau des Beckens ermöglichte ihn überhaupt erst. Primaten können ebenfalls auf zwei Beinen gehen, allerdings nur kurz. Nach wenigen Schritten fallen sie nach vorn und nehmen ihre vorderen Extremitäten zu Hilfe. Ihr Becken ist ein wenig mehr nach hinten gedreht als das menschliche, weswegen sie diesen sexy Gorillapopo haben.

Den haben übrigens auch Babys. Auch deren Becken ist ein wenig nach hinten gedreht, weshalb ein längerer aufrechter Gang zu Beginn des Laufenlernens nicht möglich ist. Menschenaffen und Gorillas sowie Menschenbabys gehen aus diesem Grund anders als erwachsene Menschen. Sie drehen immer gleichzeitig eine Körperseite nach vorn. Also rechtes Bein und rechter Oberkörper, dann linkes Bein und linker Oberkörper. Sie bewegen immer eine Seite, gehen also homolateral. Versuchen Sie das mal! Sie werden aussehen wie ein Roboter aus den 1980er-Jahren. Das nach hinten gedrehte Becken lässt nichts anderes zu. Menschenaffen sind zu diesem Gang ein Leben lang verdammt. Menschenkinder haben da mehr Glück. Sie gehen zwar zu Beginn ebenso einseitig, allerdings kippt ihr Becken zwischen dem ersten und zweiten Geburtstag ein wenig nach vorn, das Schambein schiebt sich nach vorn, und das Steißbein wandert nach unten. Damit verschwindet der nett anzusehende Babypopo, aus diesem Grund sprechen wir von da an auch von einem Kleinkind. Mit diesem Beckenstand ist dann auch der kontralaterale Gang möglich. Rechtes Bein, linker Oberkörper. Linkes Bein, rechter Oberkörper. Also immer gegengleich, ganz wie beim Nordic Walking. Beinahe endlos können wir derart marschieren und haben dabei auch noch die Hände frei. So weit die Gemeinsamkeiten beim Gehen zwischen Mann und Frau.

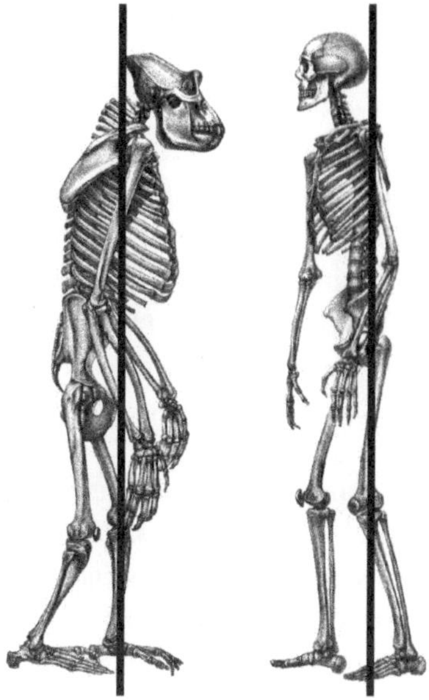

Der männliche Gang

Nun zu den Unterschieden. Wir setzen einen Fuß vor den anderen, was eigentlich eine ziemlich wackelige Angelegenheit wäre. Stellen wir uns den Eiffelturm vor, wie er von einer Seite auf die andere pendeln und sich dabei fortbewegen würde. Was an der Basis eine kleine Bewegung wäre, würde an der Spitze zu einer enormen Links-rechts-Bewegung ausarten. Wenn Menschen gehen, pendelt oben am Kopf nahezu nichts (zumindest bis 1,5 Promille Alkohol im Blut). Unser Becken gleicht das aus. Allerdings das weibliche effektiver als das männliche. Es ist nicht nur breiter, es ist auch beweglicher. Daraus resultiert, dass die Hüfte einer Frau stärker schwingt als die des Mannes.[27] Beim Mann pflanzt sich das Schwingen weiter nach oben hin fort. Einerseits wegen des unbeweglicheren Beckens andererseits wegen der durchschnittlich größeren Muskelmasse. Die lässt die Bewegung zusätzlich steifer aussehen. Folglich pendeln seine Schultern etwas mehr.[28] Manche Männer bewegen sich deshalb wie schwankende Schrankwände. Bisweilen so stark, dass das Pendeln sogar in einer leichten Drehbewegung des Oberkörpers endet. Sie kennen das von aufgeblasenen Bodybuildern – extrem viel Muskelmasse, aber unbeweglich wie ein Schrank. Und das ist auf große Distanz erkennbar.

Interessant ist, dass Männer besonders dann stark pendeln, wenn sie sich mit anderen Männern messen. Zwei Machos, die kampfbereit aufeinander zugehen, würden alle genannten Signale aussenden. Aber auch ohne Kampfansage haben Männer manchmal diesen Gang. Im Fitnesscenter, auf dem Weg zur Hantelstange, bevor das schwere Möbelstück hochgehoben wird, beim Griff zur schweren Kettensäge – es scheint, als würden sich Männer dadurch ihrer eigenen Kraft versichern.

Stellen Sie sich das Gegenteil vor: Ein Mann, der mit deutlichem Hüftschwung, weiblich schwingenden Armen und leicht

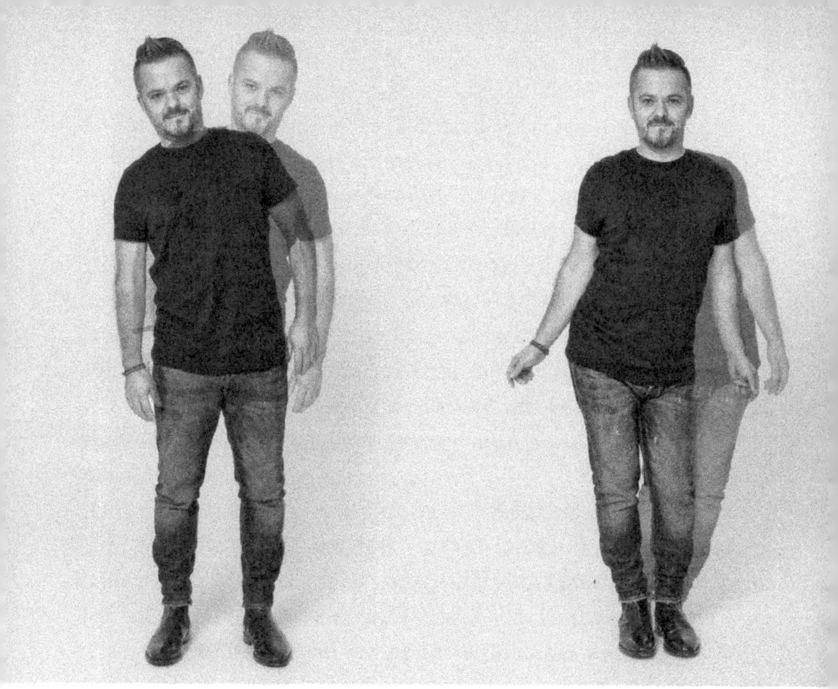

einwärts gestellten Fußspitzen Hilfe beim Tragen der Waschmaschine anbieten will. »Bleib sitzen und tu dir nicht weh!«, wäre Ihre Antwort. Um den Eindruck von viel Muskelmasse zu verstärken, pendeln Männer eben stärker.

Eine Gratwanderung für beide Geschlechter. Ein Mann, der das Pendeln im Oberkörper betont, lenkt die Aufmerksamkeit auf sich und seine Männlichkeit. Im Extremfall wirkt er damit, als wäre er mehr an Selbstpräsentation als an Kooperation interessiert. Das Gleiche gilt für Frauen, die besonders stark im Becken schwingen. Je nach Intensität und Gegenüber endet es immer in einem subtilen Rangkampf: Wer ist der Kräftigere? Wer ist die Attraktivere? Nun mag das in manchen Situationen gewinnbringend sein. Aber immer, wenn der Wunsch besteht, dass sich eine Person in eine Gruppe einfügt, ist dieses Signal kontraproduktiv.

Matt Damon spielt im Film *Stillwater* einen amerikanischen Ölfeldarbeiter, der sich nach Südfrankreich verirrt und dort mit einer kultiviert und feminin wirkenden Französin (gespielt von Camille Cottin) näher in Kontakt kommt. Ein selten gutes Beispiel, um die geschlechtsspezifische Körperhaltung vor Augen geführt zu bekommen. Mit großer Schauspielkunst zeigt er diese oben beschriebene mannestypische Art zu gehen. Wie ein wankender Schrank mäandert Damon durch den Film, schwingt seine Arme nach vorn, hält die Ellbogen breit und hat dabei die Handrücken stark nach vorn gedreht. Er komplettiert es mit größeren Schritten – ein Hinweis auf die größere Körpergröße des Mannes. Zusätzlich hält er beim Gehen zwischen den Füßen einen größeren Abstand, das verstärkt den raumgreifenden Eindruck. Dabei dreht er die Fußspitzen nach außen. Skating, genau wie der Hüne beim Anwalt. Wenn Sie nach einem langen Tag auf der Skipiste mit Skischuhen an den Füßen vom Lift zum Auto stapfen, wissen Sie, wie Matt Damon in dieser Rolle geht. Wie ein Fremdkörper wirkt seine allzu männliche Körpersprache in der kultivierten südfranzösischen Umgebung.

Nicht, dass Sie denken, in Südfrankreich würden nur feinmotorige Menschen leben. Vielmehr haben die Filmemacher erkannt, dass die Spannung zwischen den beiden Lebensrealitäten – Ölarbeiter und Schauspielerin – vor allem über die nonverbalen Signale spürbar wird. Denn stellen Sie sich eine Frau im leichten Sommerkleid mit eleganten High Heels vor, wie sie mit breiter Armhaltung und dieser Art von Schlittschuhschritt dahinstapft, und Sie verstehen, wie stark die Wirkung solch geschlechtstypischer Signale sein kann.

»Niemand spricht mit mir!«

Heute ist er für die Kinder verantwortlich, sie muss zu einer Kundenveranstaltung. Also, nichts wie los und direkt zum Spielplatz. Seine Frau meint, dass er dort nicht lange allein sein werde. Immer seien einige Mütter da, mit denen er schnell ins Gespräch kommen würde. Nun zieht die kleine Karawane auf dem Spielplatz ein. Die Kinder rennen zu Sandkiste und Schaukel. Er lässt sie machen, was soll groß passieren. Einige Mütter stehen unter einem Baum und plaudern. Derweil schlendert er zur einzigen Sitzbank, zieht dabei die Schuhe so entspannt über den Schotter, dass er hörbar Schlurfspuren hinterlässt. Den Kinderwagen parkt er akkurat neben der Bank, auf die er sich sogleich plumpsen lässt. Beide Arme kommen auf der Rückenlehne zum Liegen, ein Bein ist nach rechts ausgestreckt, das Knie des anderen Beins klappt nach außen, dadurch ist der Schritt weit geöffnet.

Einmal noch versichert er sich, dass mit den Kindern alles in Ordnung ist, dann fällt sein Kopf nach hinten, er schaut entspannt in den Himmel und stößt dabei ein kehliges »Ahhh« aus – endlich ein Moment der Ruhe. Immer wieder zieht er ruckartig die Luft durch die Nase, ein Taschentuch hat er leider nicht dabei. Das Klingeln seines Telefons reißt ihn aus dem Zen-Modus. »Herbert, du alter Verbrecher!«, ruft er mit tiefer Stimme ins Telefon, dabei knallt er seine rechte Hand auf die Banklehne, als wäre es der Rücken von Herbert. »Ich kann jetzt schlecht. Lass uns am Abend telefonieren. Bis dann!« Er schaut kurz zu den Kindern, zieht die Nase hoch und fragt sich: *Warum stehen die Mütter da drüben und warum spricht keine mit mir? Auf der Bank ist doch noch Platz. Hier ist es wie überall: Frauen schließen Männer wieder mal aus!*

Manspreading

Er setzt sich breitbeinig auf die Bank, dabei wissen wir alle: Wenig triggert den Unbill der Umgebung so stark wie das Manspreading im öffentlichen Raum. Auch mich. In der U-Bahn, wo man gezwungen ist, mit Fremden enger zu sitzen, als man es freiwillig tun würde, fällt es besonders auf. Es ist tatsächlich eine Eigenart, die zum überwiegenden Teil den Männern zugeschrieben werden kann. Die Füße stehen breit auf dem Boden, die Knie sind weit geöffnet, das Territorium ist abgesteckt. Ärgerlich für den Sitznachbarn und für das Gegenüber. Wer will schon eine Person in Uro-Proktologie-Haltung sehen? Machen die Kerle das absichtlich? Die Antwort lautet: Nein. (Zumindest die allermeisten nicht.) So, wie sich Frauen in den meisten Fällen nicht absichtlich durchs Haar fahren und die Beine überschlagen. Ich halte nichts davon, unliebsamen Körperhaltungen anderer immer Absicht und Bösartigkeit zu unterstellen, aber die eigenen als zufällig und harmlos zu bezeichnen. Zugegeben, damit wird das Manspreading nicht weniger unangenehm.

Das männliche Becken ist etwas anders gebaut als das weibliche. Seines ist schmäler als ihres, schließlich muss durch seines auch kein Baby geboren werden. Da das weibliche Becken breiter ist, liegen auch die Hüftgelenke etwas weiter auseinander als beim Mann. Beim Knie aber treffen sich die Oberschenkelknochen wieder. Somit verlaufen die Oberschenkel bei der Frau in einem größeren Winkel von den breiteren Hüften hin zu den Knien. Der sogenannte Quadrizepswinkel oder Q-Winkel ist bei der Frau in etwa 3 bis 5 Grad größer als beim Mann. Bei seinem schmalen Becken verlaufen die Oberschenkel in kleinerem Winkel, also annähernd parallel zu den Knien. Stellen wir uns ein Kartenhaus vor. Damit die Karten am Giebel zusammenstehen, müssen Sie die Basis einigermaßen breit aufstellen. Damit fallen die Karten von selber an der Spitze zueinander. Je schmäler Sie die Basis machen, desto schwächer ist die Tendenz der Karten, am Giebel zueinanderzufallen. Würden Sie die Karten senkrecht ab dem Boden aufstellen, könnte es leicht sein, dass die Karten gar nicht zueinander, sondern auseinanderfallen. Liegen Menschen auf dem Rücken, die Beine angewinkelt, sodass die Füße zwei Handbreit auseinanderstehen, fällt es Frauen etwas leichter, die Knie zusammenzuhalten, als Männern. Bei denen fallen die Knie schon mal zu den Seiten nach außen, weil die Hüftgelenke so eng beieinanderliegen. (Und nein, Jungs, es liegt nicht am Körperteil zwischen euren Beinen.) Das erklärt, warum Männer ihre Beine selbstverständlicher spreizen als Frauen. Also nicht, weil alles nur eine anerzogene Unart ist.

Damit aber wird die Wirkung dieser Haltung nicht sympathischer. Denn das Manspreading offenbart auch eine Verdrängungswirkung. Wer will sich diesem Mann schon nähern? Es ist ein sichtbarer Territorialanspruch, den nicht nur Männer, sondern auch Primaten mit einer entsprechenden Beinhaltung markieren. Zudem machen sich Männer (und Primaten) damit sichtbarer und lenken die Aufmerksamkeit auf sich. Die Botschaft gilt anderen Männern: *Dieser Platz ist schon besetzt.* Aber sie kommen damit auch bei Frauen in den Fokus, was ihre Chancen zur Reproduktion erhöht. Nicht wegen der geöffneten Hüften, sondern wegen des starken Territorialsignals nach außen. Wer das größte Gebiet sein Eigen nennen kann, hat Zugriff auf mehr Ressourcen als der, der nur einen kleinen Schrebergarten hat. Und deshalb wird diese Person bei der Partnersuche bevorzugt – schließlich war das ein Garant für die Versorgungssicherheit des Nachwuchses. Auch wenn die Grundstücksgröße heute nur noch in der Landwirtschaft zur Versorgungssicherheit beiträgt, lässt sich dieses Verhalten auf der Parkbank, im Meeting, im Café, im Kino, überall, wo jemand sitzt, beobachten. Die Häufigkeit der breiten Beinhaltung ist wohl epigenetisch verankert, deshalb bringt man sie beim Durchschnittsmann auch mit noch so konsequenter Engbeinerziehung nicht einfach weg. Wenn dieser Mann auch noch in einer Umgebung aufgewachsen ist, wo diese Haltung üblich war, wird er auch kein Bewusstsein dafür entwickeln, dass diese Haltung auch mal unangebracht ist. Das ist kein Freibrief, sondern schlichtweg eine Erklärung. Es braucht Bewusstmachung, das weiß ich aus eigener Erfahrung. In meinem Beruf sitze ich sehr häufig vor Menschen, oft auch erhöht auf Bühnen. Sie werden mich dort nie mit weit gespreizten Beinen sitzen sehen. Warum? Weil ich es mir wieder und wieder ins Bewusstsein gerückt habe. Folglich stelle ich die Beine enger, überschlage sie oder drehe sie zumindest so zur Seite, dass mein geöffneter Schritt niemanden belästigt. Diese Sitzhaltung ist in einen Automatismus übergegangen, den ich lange geübt habe. Nicht die Haltung an sich, aber dafür, dass sie zur Normalität wurde. Kann ich sehr empfehlen.

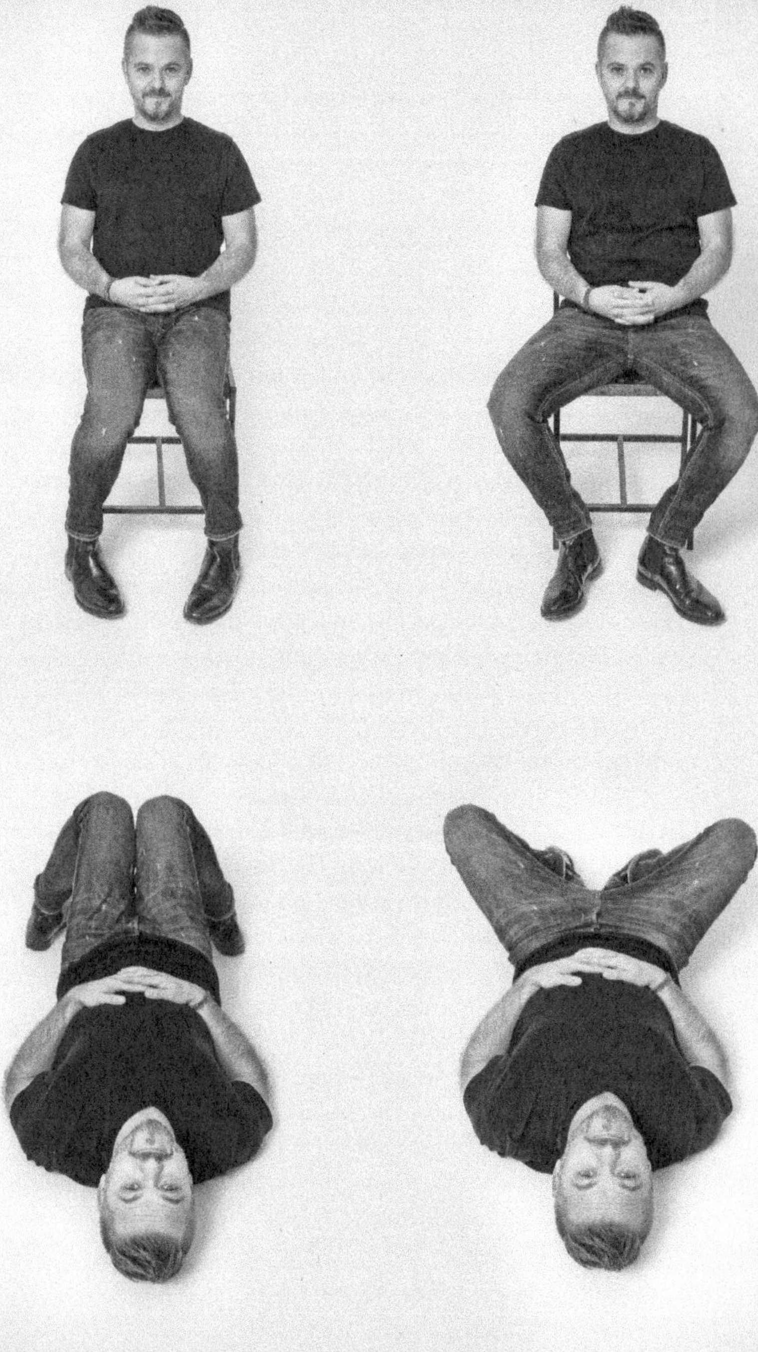

Übrigens auch unserem Familienvater auf dem Spielplatz. Wäre er etwas zurückhaltender mit seiner Beinhaltung umgegangen, hätte er den Damen ein weniger abweisendes Signal ausgesandt.

Tief und laut

»Herbert, du alter Verbrecher!«, tönt er mit tiefer Stimme. Und das noch laut. Natürlich telefonieren auch Frauen laut. Aber Männer tun das, um der Umwelt ein Signal zu geben. Wer haut den zotigsten Witz, wer die heftigsten Kraftausdrücke raus? Untermauert mit lautstarker Stimme, heftigem Klopfen auf den Rücken des Sitznachbarn oder auf die Lehne der Parkbank, wie beim Spielplatzvater, während das Lachen nur dann gilt, wenn es lauter als das der anderen ist. Denn die Stimme gibt Auskunft über den Redner, selbst wenn er gar nicht gesehen wird.

Stellen Sie sich eine sonore Bariton- oder Bassstimme vor. Da wird Ihnen eher ein 1,90 Meter großer Hüne mit breiten Schultern in der Vorstellung erscheinen als ein kleiner schmächtiger Mann. Die Stimme ist ein Geschlechtsmarker, der Frauen anzieht. Eine tiefe Stimme lässt auf einen kräftigen Brustkorb und damit auf große Körpergröße und Geschlechtsreife schließen. Männer mit hohen Stimmen haben tatsächlich einen Nachteil bei der Partnerfindung. Natürlich hat das nichts mit ihren Fähigkeiten und ihrer tatsächlichen Kraft zu tun.[29] Aber die Ersteinschätzung fällt so ins Gewicht, dass ihre Chancen dadurch etwas gemindert werden.

Fußballgesänge sind meist mit tiefer Stimme angesetzt. Besonders gut hörbar ist das bei Freistößen. Um den Spieler anzufeuern, beginnen die Fans noch vor dem Anlauf des Schützen ein tiefes leises »Ooohhh« anzustimmen, das mit dem Anlauf immer lauter wird und mit dem Schuss in einem gebrüllten »Aaahhh«

endet. Kraft und Männlichkeit sind im ganzen Stadion zu spüren. In der US-Fernsehserie *Hör mal, wer da hämmert* aus den 1990er-Jahren hatte Hauptdarsteller Tim Taylor dieses tiefe Grölen zu einem Running Gag erhoben. Immer wenn er ein besonders »männliches« Werkzeug wie eine schwere Bohrmaschine oder massive Kreissäge zur Hand nahm, unterstützte er dies mit einem tiefen Grunzen, was ein wenig an Alphagorillas im Urwald erinnerte.

Männer grunzen

Dieses kehlige »Aaahhh«, das der Vater der Kinder auf dem Spielplatz aussendet, gehört zu den akustischen Signalen, die man von Frauen so gut wie nie vernimmt. In der Bahn, im Wartezimmer oder beim Zeitungslesen auf der Couch. Allerorten hört man Männer schwer atmen, sich räuspern, die Nase hochziehen, vor sich hin grummeln. Wenn man sie darauf anspricht, scheint ihnen ihr akustisches Bemerkbarmachen nicht bewusst zu sein. Schlechte Angewohnheit? Mag auch mitspielen.

Viel wichtiger aber dürfte ein unterbewusstes Territorialverhalten sein. Dieses Grummeln spielt sich auf Frequenzen zwischen 250 und 500 Hertz ab, und wir würden solche Frequenzen als Summen beziehungsweise Brummen beschreiben. Jedenfalls deutlich tiefer, als Frauen dazu in der Lage wären. Es ist also ein geschlechtsspezifisches Signal, das klarmacht, dass es sich um einen Mann und nicht um eine Frau handelt. In der Bahn brauchen Sie sich also nicht umzudrehen, ein Mann signalisiert so oder so, dass er da ist. Damit wissen auch die anderen Männer: Hier ist das Territorium schon besetzt.

Darüber hinaus dürfte es auch ein Signal für Sicherheit sein. Grummeln ist mit stark angespanntem Zwerchfell nicht möglich. Heißt, der Mann, der entspannt vor sich hin grummelt, signalisiert den anwesenden Frauen und Kindern: Alles in Butter! Es drohen keine unmittelbaren Gefahren.

Schon ein ordentliches Maß an Männlichkeit, das uns bisher begegnet ist. Selbst wenn wir zugestehen, dass nicht alle Männer so deutlich ihre Dominanz und ihren Revieranspruch reklamieren. Was aber, wenn solche Signale nicht zum eigenen Repertoire gehören?

»Ich bekomme kein Gehör im Meeting!«

Sehr oft erzählen mir Menschen, wie schwer es sei, in einer Besprechung Gehör zu bekommen. Da gibt es die Lauten, die Dominanten. Es sind immer zwei, drei Kollegen, die jedes Meeting kapern und dominieren. Will man da als ruhiger, zurückhaltender Mensch einen Beitrag leisten, wird man von ihnen übertönt.

So oder so ähnlich scheint es vielen zu gehen. Dabei gilt immer Folgendes: Der Mensch entscheidet vorab (!), ob jemand für die Gruppe beziehungsweise das Thema relevant ist oder nicht. Wer also kompetent, begeisternd oder unterhaltsam wirkt, wird eher gehört als eine graue Maus in der letzten Reihe. Daraus können Sie schon ableiten, dass Sie einiges selber in der Hand haben, egal welches Geschlecht Sie haben. *Aber ich bin kein lauter Mensch. In den Mittelpunkt drängen? Das ist gar nicht meins!* Keine Angst, es muss niemand seine Persönlichkeit verändern, um ausreichend Gehör zu finden. Immerhin kann man mit viel Zurückhaltung auch deutsche Kanzlerin werden. Also!

Zurück zu den zwei, drei dominanten Kollegen, die in den ersten Reihen sitzen, in der Nähe des Chefs, viel und laut reden und anderen ins Wort fallen. Sie lassen die Faust auf den Tisch sausen, um ihren Standpunkt zu unterstreichen. Weit nach vorn über den Tisch gelehnt, reichen ihre Gesten deutlich in den Bereich der anderen hinein, um die eigene Meinung auch wirklich

»nahe« zu bringen. Sie wischen andere Standpunkte mit ausladenden Bewegungen vom Tisch und klopfen Sitznachbarn gerne lobend auf den Rücken, wenn sie sich von dem Unterstützung erwarten. Manchmal werden sie auch despektierlich anderen gegenüber und übernehmen die Ideen anderer in der Art, dass sie es aussehen lassen, als wären es ihre gewesen. Und wissen Sie was? Die bekommen tatsächlich mehr Gehör. Aus einem einfachen Grund: Ihre Körpersprache bringt sie in den Fokus der Meeting-Teilnehmer. Will jemand nun Konflikte vermeiden, gibt sich diese Person diesen Signalen von vornherein geschlagen. Sie ahnen mittlerweile, wer von den beiden Geschlechtern Konflikten lieber aus dem Weg geht.

Die Flagge als Lösung

1. Nach vorn. Es kann gut sein, dass Sie schon so frustriert von den lauten Kollegen sind und deswegen möglichst weit weg von ihnen sein wollen. Sie nehmen einen Platz in den hinteren Reihen ein. Damit verschwinden Sie aber aus dem Fokus der Gemeinschaft. Setzen Sie sich weiter nach vorn! Es muss nicht gleich die erste Reihe oder der Platz neben dem Chef sein. Nehmen Sie so weit vorn Platz, wie es sich noch gut für Sie anfühlt. Sobald Sie sich nach ein paar Meetings an diesen Sitzplatz gewöhnt haben, gehen Sie noch eine Reihe weiter nach vorn. Denn nur, wer sich im Blickfeld der Entscheider befindet, hat Chancen, Aufmerksamkeit zu erregen.

Wenn Sie an einem Besprechungstisch mit anderen sitzen, stellen Sie vielleicht fest, dass Ihr Stuhl ein klein wenig weiter nach hinten gerückt steht als der Ihrer Nachbarn. Vielleicht lehnen Sie sich zusätzlich zurück. Eine natürliche Reaktion. Unangenehmes wollen wir weit weg von uns haben. Wir distanzieren uns also nicht nur geistig, sondern auch körperlich. Aber damit fallen Sie noch weiter aus dem Fokus. Denn die Menschen, die in den hinteren Reihen sitzen und ihren Körper aus der Blicklinie bringen, werden nicht bemerkt. Das haben Sie in der Schule ganz bewusst gemacht, um nicht aufgerufen und abgefragt zu werden. Liegt wohl auf der Hand, dass dieselbe Strategie hier nachteilig ist. Also, lehnen Sie sich nach vorn und zwar so, dass Ihre Ellbogen auf dem Tisch liegen.

2. Zeigen Sie Interesse. Kopfschütteln und Augenverdrehen sind Signale, die denjenigen, die ein Projekt voranbringen wollen, zuwider sind. Dabei schütteln Sie den Kopf gar nicht gegen das Projekt. Nein, Sie tun es, weil Ihnen die lauten Kollegen so sehr auf die Nerven gehen. Lassen Sie das und machen Sie das Gegenteil! Suchen Sie den Blickkontakt zu den entscheidenden Personen in der Runde: zu Redner, Chefin oder dem größten Experten. Nicken Sie, lächeln Sie, wenn es der Situation angepasst ist, und zeigen Sie eine Reaktion auf das, was gesprochen wird. Nicht, weil Sie mit allem immer einverstanden sind. Sie können auch nicken, im Sinne von: *Ich habe gehört, was du gesagt hast. Das gibt mir die Möglichkeit, dich zu widerlegen.* Obwohl Sie inhaltlich dagegen sind, haben Sie mit einem Nicken Anteilnahme an der Diskussion gezeigt. Damit wirken Sie konstruktiv, eine gewünschte Wirkung. Sobald Sie diese Aufmerksamkeitssignale zeigen, werden Sie in den Fokus kommen. Wenn Sie nun vorhaben, das Wort zu ergreifen, machen Sie Folgendes.

3. Die Flagge schwenken. Sie sitzen nach vorn gelehnt, die Ellbogen liegen auf dem Tisch, vielleicht den Kopf auf die Hände gestützt oder auch nur beide Hände vor dem Gesicht ineinandergelegt. Klappen Sie nun wie zufällig einen Arm nach vorn, sodass eine Hand vor Ihnen auf der Tischplatte zum Liegen kommt.

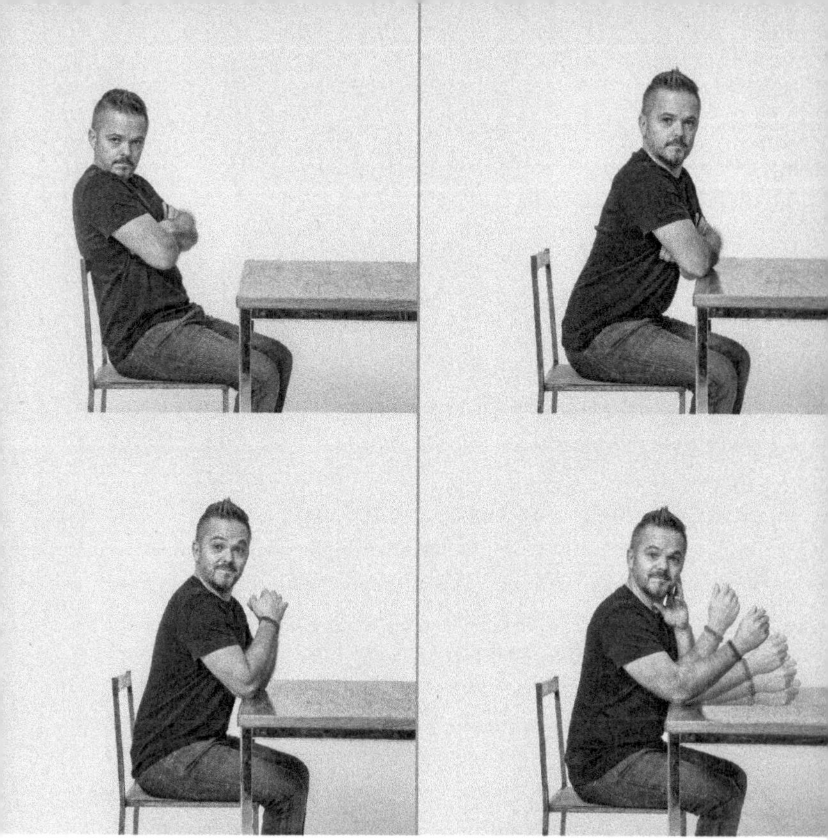

Nach einigen Sekunden nehmen Sie sie wieder hoch. Sehr entspannt, sehr ruhig. Machen Sie das mit etwas zeitlichem Abstand mehrere Male, während Sie weiter nicken, Blickkontakt halten und Signale der Aufmerksamkeit senden. Ihre Körpersprache wird nun zu den aktivsten in der gesamten Runde zählen, was Ihnen einen roten Teppich ausrollen wird. Das ruhige Heben und Senken des Armes wirkt wie eine Flagge, die die Blicke unbewusst anzieht. Es sieht ein wenig so aus, als wollten Sie aufzeigen. Das bringt das Unterbewusstsein der Teilnehmenden in eine Erwartungshaltung. Sobald Sie dann tatsächlich die Hand heben, um das Wort zu ergreifen, wird diese Erwartungshaltung erfüllt, somit ist die Aufmerksamkeit bei Ihnen. Und das Beste daran: Sie müssen dafür weder auf den Tisch hauen, noch anderen ins Wort fallen.

Machen es Männer besser?

Männer sind mehrheitlich stärker und risikofreudiger, sie laufen schneller, springen höher und stellen sich Angriffen mutiger entgegen als Frauen. Sie durchstreifen Urwälder, Eiswelten und besteigen die höchsten Berge. Man könnte beinahe meinen, sie wären das fittere Geschlecht der menschlichen Spezies. Selbst wenn man stereotypes Denken außen vor lässt, kann man sagen, dass die genannten Eigenschaften auf Männer in stärkerem Maße zutreffen als auf Frauen. Hilfreich sind sie durchaus, wenn unbekannte Welten erobert, Gegner dominiert und Sicherheit vermittelt werden soll. Aber wenn subtiles Netzwerken, Empathie, Kompromissbereitschaft und Austausch von Emotionen gefragt ist, sind andere Signale zielführender.

Aber stopp! Möglicherweise denken Sie jetzt an *inhaltliche* Kompromissbereitschaft und wollen über Emotionen *sprechen*. Dabei wird gerne übersehen, dass der Mensch Zugänglichkeit signalisieren muss, *bevor* das erste Wort fällt. Sie erinnern sich an das *Versprechen*. Wer also breitbeinig, mit polternden Schritten und dominierender Körpersprache auftritt, wird sich schwertun, beim anderen das Gefühl von Harmoniebereitschaft zu signalisieren. Dafür sind typisch weibliche Signale wohl besser geeignet.

Geschlechtssignale erzeugen Vertrautheit

Schon Charles Darwin stellte die wichtige Frage: »Mit wem sprechen wir denn überhaupt?« Und ist der- oder diejenige für meine momentanen Bedürfnisse der oder die Richtige? Den ganzen Tag über schätzen wir anhand nonverbaler Signale ab, ob es sich überhaupt auszahlt, mit jemandem zu sprechen. Wem diktieren wir die Einkaufsliste? Dem durchschnittlichen Ehemann schon mal nicht. Wenn der *Crème fraîche* hört, sieht man schon an seinem leeren Blick, dass er rätselt, ob jetzt Pils oder Lager gemeint ist. *Passives Abseits?* Da starrt dich die gemeine Ehefrau an, als ob du chinesisch sprechen würdest. Wie selbstverständlich gesellen wir uns bei bestimmten Themen zu einem bestimmten Geschlecht. Ist das Kind krank, wendet sich die Mutter an andere Frauen. Und nachts an der Bushaltestelle fragt sie doch lieber eine andere Frau nach dem Weg, auch wenn der Mann daneben die Frage gleichermaßen beantworten könnte. Wenn es um den Reifenwechsel geht oder ein Loch in die Wand zu bohren ist, bittet sie doch lieber einen Mann, obwohl die Frau natürlich ebenso dazu fähig wäre.

Es handelt sich nicht um einen persönlichen Angriff, sondern schlicht um eine Abkürzung in der menschlichen Kommunikation. Dieses Wissen hilft uns, in bestimmten Momenten nicht beleidigt zu sein, wenn wir übergangen werden, obwohl wir in einer Sache durchaus Kompetenzen hätten.

Stellen Sie sich vor, Sie fahren in die Autowerkstatt und sehen die Mechanikerin mit ausgestellter Hüfte neben der Hebebühne stehen. Ihr Kopf schräg, das lange Haar schwungvoll um die Schulter gelegt. Mit aufgeklapptem Handgelenk, winkt sie Sie heran, wobei Sie bei der Art des Fächelns unsicher sind, ob sie Sie einweist oder sich doch eher frische Luft zufächelt. Beim Einparken neben der Hebebühne erkennen Sie ihr Make-up, die künstlichen Wimpern und die schönen Ohrringe. Als sie nach vorn zur Motorhaube geht, sehen Sie ihren Hüftschwung im taillierten und körperbetonten Blaumann. All das sind eben – zugegeben stereotype – Signale der Weiblichkeit. Sie *versprechen* zwar eine Geschlechtszugehörigkeit, aber nebenher eine Menge anderer Dinge, die man bei einem Mechaniker nicht sehen will.

Oder der Mann mit dem Faible für Schminke und gute Düfte, der so gern in der Parfümerie verkauft. Er steht breitbeinig hinterm Tresen, in dunkler Rockerkleidung, Hände, so groß wie Tennisschläger, links und rechts breit aufgestützt. Mit gesenktem Kopf, tiefgezogenen Augenbrauen, ernster Mimik grummelt er durch den üppigen Vollbart: »Wir haben neue Lippenstifte. Probieren Sie die mal!« Wäre es auch sexistisch, wenn die Mehrzahl der Frauen die Lippenstifte lieber doch nicht probiert? Nein, wäre es nicht!

Oberflächlich betrachtet wird der Mechaniker nicht nach Kompetenz, sondern nach Geschlecht ausgewählt. Und wer sich in der Parfümerie grundsätzlich lieber von einer Frau beraten lässt, nimmt scheinbar das geschlechtsspezifische *Versprechen* als Ausschlusskriterium. Das gilt für viele Lebensbereiche.

Aber bei genauer Betrachtung werden die Menschen nicht wegen der Geschlechtszugehörigkeit abgelehnt, sondern wegen der *Versprechen,* die die Körperhaltung mit aussendet.

Wer jetzt ruft: »Sexismus!«, der hat die Gesamtheit der nonverbalen *Versprechen* ignoriert. Wir lehnen selten ab, weil wir uns nicht vom falschen Geschlecht das Auto reparieren beziehungsweise den Lippenstift verkaufen lassen wollen. Wir lehnen ab, weil mit bestimmten Signalen die falschen Erwartungen geweckt werden. Wir senden eine Menge geschlechtsspezifischer Signale aus und *versprechen* mehr als nur das Geschlecht.

Ein Verhalten, das sich eigentlich für die Partnersuche zum Zweck der Fortpflanzung entwickelt hat, spielt demnach in alle Lebensbereiche hinein.

Weibliche Gendersignale – ein simples Prinzip

Sicherheit vor Aufmerksamkeit

Frauen kommen mit anderen körperlichen Voraussetzungen zur Welt. Mehr Kommunikationsbereitschaft, mehr Empathie. Aber auch weniger körperlicher Kraft. Letzteres hat Folgen für die Körpersprache. Als Frau in einer Bar eine fremde Frau kennenzulernen, sich mit ihr zu verplaudern und ihr spät nachts anzubieten, bei ihr zu übernachten, bedeutet unter Frauen Schutz und Sicherheit. Als Frau in einer Bar einen Mann kennenzulernen, sich mit ihm zu verplaudern und ihm spät nachts anzubieten, bei ihm zu übernachten, kann gut gehen. Kann! Denn er, als der körperlich Stärkere, hat im Zweifel die Oberhand. Sein Risiko wäre vergleichsweise gering. Für eine Frau ist es also wichtig, sich nicht selber unnötig zu exponieren. Vor allem nicht in fremder Umgebung.

Wir erinnern uns, dass Männer gern mal akustische Laute von sich geben. Grunzen, Räuspern, Grummeln. Sie wollen damit allen in der Umgebung ihre Anwesenheit und ihren Revieranspruch mitteilen. Nur wenige Frauen machen das. Zum einen liegt es wohl daran, dass Frauen durchschnittlich weniger Territorialansprüche stellen und im Gegenteil eher darauf achten, keinen Streit deswegen anzufangen. Aber es gibt noch einen anderen Grund, warum Frauen in der Öffentlichkeit deutlich seltener akustische Signale von sich geben als Männer – gut beobachtbar im Fitnesscenter. Ein Eldorado für Stöhner! Männer heben Gewichte und atmen dabei die Luft so intensiv aus, dass sie klingen wie ein Hochdruckgebläse. Zum einen ist das ab einer gewissen Menge an Gewichten nur schwer zu unterdrücken. Da viel Gewicht am Ende viel Muskelmasse hervorbringt und das

Schönheitsideal der meisten Frauen wiederum nicht Riesenoberschenkel und massive Oberarme sind, trainieren sie mit weniger Gewicht, dafür aber mit mehr Wiederholungen. Ergo: weniger Gestöhne in der Hantelkammer.

Der andere Effekt aber, den der Stöhner erzielt, ist Aufmerksamkeit zu gewinnen. Jedes Stemmen wird akustisch betont. Viele Köpfe drehen sich zu ihm. Und gar nicht so wenige Augen verdrehen sich dabei. Egal, ob die Umstehenden vor Bewunderung erstarren oder sich innerlich auf die Stirn schlagen, entziehen kann man sich diesem Lautsignal nicht. Jeder weiß, was es bedeutet: *Ich bin der stärkste Gorilla in der Muckibude, und ich will, dass ihr das alle seht.* Es ist der Versuch, die Rangordnung klarzustellen. Darin liegt auch der Grund, warum Frauen selten stöhnen, grunzen und brummen. In einem Geräteraum, wo der Männeranteil bei circa 90 Prozent liegt, will man sich als Frau eher stillschweigend auf seine Übungen konzentrieren und nicht in den Fokus der anwesenden Gorillas kommen. Deshalb geht frau doch lieber zum Bauch-Beine-Po-Kurs. Männeranteil dort circa 0,3 Prozent. Wenn's intensiv wird, wird die Luft aus spitzem Mund herausgeblasen. Möglichst leise. Rangordnungskampf? Nein danke! Denn das würde sie in große Gefahr bringen. Wir kommen gleich dazu.

Sozial kompatibler

Ein Fitnessmagazin bat um ein Interview. Das Gespräch führten zwei junge Männer, die sichtlich mehr Zeit im Fitnesscenter verbrachten als Chips essend auf der Couch. Am Ende, als das Mikrofon abgeschaltet war, baten sie mich um einen persönlichen Tipp. Beide waren Single und glaubten, den Dreh nicht rauszuhaben. »Wenn ich auf der Straße ein Mädel ansprechen will, mit welcher Körpersprache mache ich das am besten, damit sie auf den Flirt einsteigt?«, fragte der eine. Auf diese Frage riss ich die Augen auf, schaute zuerst den einen, dann den anderen an. Auf meiner Stirn schien zu stehen: ernsthaft jetzt? Sie starrten mich gierig und mit leichtem Grinsen an und warteten vorfreudig auf meine Quicktipps.

Ja, sie meinten das ernst. Ich meinte nur: »Am besten gar nicht!« Darauf stand ihnen die Enttäuschung ins Gesicht geschrieben. Ich erklärte. »Klar kann man eine Frau auf der Straße ansprechen, aber zu glauben, dass daraus ein Flirt oder sogar eine Partnerschaft entsteht, ist wahrscheinlich so gering wie der Versuch, eine Mücke mit der Hand zu erschlagen. Die meisten Schläge schmerzen einen selbst, während die Mücke das Weite sucht.« Die beiden jungen Männer hatten wohl zu lang an der YouTube-Universität studiert. Fachrichtung *Life-hacks* und *Pick-up*. Dort lernt man die Tricks, wie man anscheinend jede, aber auch wirklich jede Frau rumkriegt. Bevor ich hier aber zu sehr auf die Jungs eindresche, möchte ich noch erwähnen, dass das Gleiche für so manche Frau gilt, die meint, mit ein wenig Dekolleté kriegt man jeden, aber auch wirklich jeden Mann rum. Der Mensch ist nicht so einfach gestrickt, dass ein paar Gesten oder Worte schon reichen würden. Wir erinnern uns daran, dass Körpersprache ein *Versprechen* sein muss, die Bedürfnisse des Partners zu erfüllen. Ein Zwinkern gefolgt von einem flotten Anmachspruch beziehungsweise ein Dekolleté mit keckem Augenaufschlag *versprechen* natürlich auch etwas. Aber wohl nicht das, was eine langfristige Partnerschaft auf Augenhöhe in Aussicht stellen würde.

Ich erklärte es den beiden Jungs anhand ihrer Fitnesscenter-Welt. »Mit Muscleshirt und lautem Grunzen die meisten Gewichte zu stemmen und mit breiter Körperhaltung hier im Studio die eigene Kraft zur Schau zu stellen, das beeindruckt erstaunlich wenige Menschen. Und die, die es beeindruckt, befinden sich zum größten Teil auf derselben Seite des Ufers wie ihr.«

Die meisten Frauen suchen nämlich nicht nach großen Muskeln. Sie suchen nach einem, der zeigt, dass er sich sozial integrieren kann. Denn das war und ist fürs Überleben wichtig. Es ist auch die Grundvoraussetzung für ein angenehmes Leben. Denn wer will schon einen Lebenspartner, der jedem Nachbarn zeigt, dass er der Potentere ist, am Ende aber niemand etwas mit ihm zu tun haben will.

»Stellt euch vor, in eurem Fitnesscenter würde auch ein älterer Mann, Mitte 70, trainieren. Noch einigermaßen fit, aber nicht mehr so beweglich. Er stemmt Gewichte, tut sich aber schwer, die Scheiben auf die Stange zu schieben. Wenn du jetzt zu ihm gehst und ihm hilfst, ihn auch noch bei den Übungen unterstützt, und das auch noch mit Hingabe und Freude, bist du für viele Frauen attraktiver als dein Plus an Muskelquerschnitt.«

So mancher Mann zeigt bei den ersten Dates mit einer Frau zu viel Dominanz. Da werden Kellner herumkommandiert, vermeintlich Untergebene werden in ihre Schranken gewiesen, und es wird abfällig die Fahrweise der anderen Verkehrsteilnehmer kommentiert. Manche gehen so weit, dass sie körperliche Gewalt androhen, wenn die Angebetete nicht mit dem nötigen Respekt behandelt wird. Starrer Blick, vorgeneigter Kopf, breites Kreuz: »Wiederhol noch mal, was du eben zu meiner Frau gesagt hast!« Dabei werden die Finger für den ersten Schlag warm geknetet. Ein Verhalten, das er wohl niemals an den Tag legen würde, wenn diese Unfreundlichkeit einer Unbekannten in der Straßenbahn passieren würde. Zum einen demonstriert er damit einen Besitzanspruch, zum anderen will er seiner Flamme zeigen: »Wenn dir von diesem Typen auch nur ein Haar gekrümmt wird, zerreiß ich ihn in der Luft! Du Glückliche! Du hast dir nämlich das Alphamännchen gekrallt.« Dabei wollen die meisten Frauen nur eines: Offene Konflikte vermeiden. Und dieses Verhalten *verspricht* Stress. Die wenigsten Frauen finden ein solches *Versprechen* attraktiv.

Der Mann, die große Gefahr

Frauen ansprechen, Initiative ergreifen, darauf sind Männer angewiesen, wenn sie eine Partnerin finden wollen. Aber die Aktivitätsbereitschaft beschränkt sich bei einigen nicht nur auf Erkunden, Entdecken und Verteidigen bei außerfamiliären Bedrohungen. Manche hatten und haben auch noch heute Schwierigkeiten zu erkennen, dass der eigene Wille bei Mitmenschen anders durchzusetzen ist als bei Säbelzahntigern. Ja, Männer waren und sind die größte Bedrohung für Frauen. Unwetter, wilde Tiere, Krankheiten waren zeitweise ebenfalls lebensbedrohlich, allerdings ist keine dieser Gefahren so konstant im Leben einer Frau zu finden wie der Mann. Und tatsächlich begleitet Frauen dieses »Problem« seit Anbeginn. Wahrscheinlich werden jetzt manche Männer ungläubig fragen: »Wieso sollen wir eine Bedrohung für Frauen darstellen?«

Die Aktivitätsbereitschaft von Männern geht in ihrer Intensität bisweilen sehr weit. Die intensivste Form der Aktivität kennen wir in Form von Aggression und Gewalt. Kommt es in den eigenen vier Wänden zu Gewaltanwendung, ist nahezu immer der Mann der Täter. Die Statistik zeigt deutlich, dass körperliche Gewalt sehr selten von Frauen ausgeht. 9:1 lautet das Verhältnis, wie Studien bestätigen.[30]

Oft kommt der Einwand, dass auch Frauen gewalttätig seien, nur eben psychisch. Ja, korrekt, und viele sind sehr geschickt darin. Es bringt Männer zur Weißglut, und sie antworten mit körperlicher Gewalt. Was wohl auch ein Indiz für die unterschiedliche vorgeburtliche Spezialisierung ist. Zynischerweise könnte man sagen, so fügt eben jedes Geschlecht auf seine bevorzugte Art dem anderen Geschlecht Leid zu. Ein anderer Einwand ist, dass die meisten Opfer von Gewalt nicht Frauen, sondern Männer seien. Auch korrekt. Aber nicht Opfer von Frauen, sondern Männer verdreschen sich gegenseitig und bringen sich um. Da gibt's nichts herumzudeuteln – Männer sind körperlich gewalttätiger.

Jede hoch entwickelte Gesellschaft hat aus diesem Grund ein Sicherheitsnetz aufgebaut, um die Schwächsten, Frauen und Kinder möglichst gut zu schützen. Straßenbeleuchtung, Frauenparkplätze, Notrufnummern und Notruftasten auf dem Handy, Polizeistationen und ein Rechtssystem, das Frauen einen besonderen Schutz gibt. Wie jung und fragil dieses Schutzsystem ist, zeigt der Umstand, dass in Russland erst 2017 die häusliche Gewalt wieder straffrei gestellt wurde.[31] Das bedeutet, dass eine Frau wohl zunächst Schutz bei der Polizei findet, die Folgen für den gewalttätigen Ehemann jedoch gering ausfallen. In einem Land wie Bangladesch, das nicht die wirtschaftliche Entwicklung vieler westlicher Staaten erreicht hat, sind acht von zehn Frauen Opfer häuslicher Gewalt.[32] Ich erwähne die wirtschaftliche Entwicklung, weil sie die wichtigste Voraussetzung ist, um Frauen Sicherheit zu geben. Solange Menschen um ihr tägliches Überleben kämpfen müssen, fehlen die Ressourcen für die körperlich Schwachen. Auf dieses wirtschaftliche Fundament können westliche Länder erst seit wenigen Jahrzehnten blicken. Es stellt sich allerdings die Frage, ob es in unseren Breitengraden vor 150 Jahren, hinter verschlossenen Bauernhaustüren, manchmal nicht ähnlich zugegangen ist. Und 100, 1000, 10 000 Jahre davor, ja in der gesamten Menschheitsgeschichte ebenfalls.

Wenn zur Aktivitätsbereitschaft auch noch der sexuelle Reiz kommt, besteht die Gefahr des Übergriffs.

Sexuelle Belästigung

»Der hat mich angestarrt, als wolle er mich mit den Augen ausziehen! Und dann hat er mir auch noch einen Klaps auf den Po gegeben! Geht's noch?!?«

»Sie hat mich mit den Augen fixiert und hat mir dann einen Klaps auf den Po gegeben. Ich glaube, bei der könnte was gehen.«

Die gleiche Körpersprache kommt bei Frauen und Männern unterschiedlich an.

In einigen Fällen kommt es zu einem Missverhältnis von sich »Rarmachen« auf weiblicher Seite und dem »Dranbleiben« auf Männerseite. Zudem ist der unbedingte Wille zu gewinnen bei manchen Männern so stark ausgeprägt, dass sie völlig übersehen, wenn sie dabei großen Schaden anrichten.

Dieses Kapitel ist ein heißes Pflaster, dessen bin ich mir sehr wohl bewusst. Doch unangebrachte Annäherungen, Belästigungen und Übergriffe passieren meist nonverbal und haben die Eigenschaft, geschlechtsbezogen zu sein. Aus diesem Grund bin ich der Meinung, dass es Platz in diesem Buch finden muss.

Natürlich beginnen Übergriffe nicht erst mit der Hand am Po, sondern oft mit verbalen Anzüglichkeiten. Allerdings mahne ich an, den Unterschied zwischen verbalen und körperlichen Übergriffen nicht zu verwischen. Worte, so verletzend und erniedrigend sie auch sein mögen, sind immer nur bewegte Luft. Das Gefühl der emotionalen Verletzung passiert immer in unserem eigenen Kopf. Wir können lernen, uns davon abzugrenzen. Eine Tat ist keine Kopffantasie, sie ist immer Fakt! Und sie kann neben emotionalen Verletzungen auch körperliche Verletzungen verursachen. Chris Rock erzählte bei der Oscarverleihung 2022 einen Witz, oder das, was er für einen solchen gehalten hat. Den kann man gut finden oder schlecht. Man kann den Comedian ab sofort nicht mehr mögen, man kann ihn als stillos, als respektlos bezeichnen. Man kann den Witz aber auch gut gefunden haben und den Comedian als Provokateur einordnen. Das liegt immer im Auge des Betrachters. Aber man kann nicht auf die Bühne gehen und ihm eine schallende Ohrfeige geben, wie Will Smith das getan hat. Bei körperlicher Gewalt gibt es keinen Interpretationsspielraum! Wenn wir also einen verbalen Übergriff gleichsetzen mit einem körperlichen, verharmlosen wir den körperlichen Übergriff!

»Sie hat es ja so gewollt!«

Unlängst erzählte mir eine Bekannte, dass sie im Gasthaus ihrer Schwester an einem Feiertag als Kellnerin ausgeholfen hat. Als ich sie ein paar Tage später fragte, wie der Tag denn verlaufen sei, antwortete sie nur: »Männer sind SCHWEINE! Die versuchen ständig zu fummeln und klopfen Sprüche, dass einem schlecht wird! BÄH!!!« Mit dieser Antwort hatte ich wahrlich nicht gerechnet. Es war wieder einer der Momente, wo ich mich für meine Geschlechtsgenossen einfach nur schäme! Mir fiel dazu die Erklärung eines Mannes ein, dem ein Übergriff vorgeworfen wurde: »Also bitte, Leute, mir jetzt keinen Vorwurf machen! Die kommt halb nackt ins Büro, starrt mich an, und dann berührt die auch noch meine Schulter! Das kann man doch nicht missverstehen!«

Doch, Kevin, doch! Das hast du in deiner Hormonwallung so verstanden, wie du es verstehen wolltest.

Wie an anderer Stelle beschrieben, ist das männliche Verhalten stark danach ausgerichtet, eine Möglichkeit zu finden, seine Gameten zu einer befruchtenden Eizelle zu bringen. Er muss sich gegen andere Männer also durchsetzen. Und da zählt auch Tempo. Wer eine Chance schneller erkennt und sie auch ohne zu zögern nützt, hat gewonnen. Damit liegt allerdings auch auf der Hand, dass manche Männer Chancen sehen, wo gar keine sind! Das Bonmot *Ein Mann bereut es, wenn er eine Chance nicht genutzt hat, und eine Frau bereut es, wenn sie sie genutzt hat,* hat einen wahren Kern.

Reiz-Reaktion

Dass der Mann bestimmte Signale erstens wahrnimmt und zweitens als angenehm empfindet, kann er nicht beeinflussen. Dieser Reiz passiert in einem Teil des Gehirns, das dem bewussten Verstand »vorgeschaltet« ist. Aber eben dieses Bewusstsein bräuchte es, um einen Reiz zu unterdrücken. Dass der Mann einen großen Ausschnitt attraktiv findet, kann er demnach nicht unterbinden. Auch Frauen finden ein schönes Dekolleté und etwas mehr Haut attraktiv. Das gilt umgekehrt auch für Männerkleidung. Untersuchungen belegen, dass Frauen besonders eng sitzende Sporthosen bei Profisportlern wie Beachvolleyballern oder Fußballern sexy finden. Da ist der Unterschied zwischen Männern und Frauen gar nicht so groß. Allerdings werden die wenigsten Frauen gleich aktiv und nähern sich dem Knackpopo-Fußballer offensiv an, geschweige denn, dass sie ihm einen Klaps auf den Hintern geben würden. Vielmehr würden sie, wie die weiblichen Vögel am Ast, ihre weiblichen Reize ausspielen, um ihn zu animieren, sie am Ende zu erobern. Ein essenzieller Unterschied!

»Zwischen Reiz und Reaktion liegt ein Raum. In diesem Raum liegt die Macht unserer Wahl.« Viktor Frankl, der Neurologe und Psychiater, beschreibt, wo unsere Verantwortung liegt. Nicht darin, den Anblick attraktiv zu finden, sondern in der Reaktion darauf. Ob er den Po sexy findet, entzieht sich seiner bewussten Steuerung. Aber den Klaps auf den Po, den hat er unter Kontrolle! Ende der Durchsage!

Abstand halten!

Jedem Übergriff muss eine körperliche Distanzverringerung vorausgehen. Hält man sich nicht in der Nähe von jemandem auf, gibt's auch keinen Klaps auf den Po! Ich empfehle dringend, im Zweifel etwas mehr Abstand zu wahren. Selbst wenn man den Eindruck hat, das Gegenüber will eigentlich, traut sich aber nicht so recht. Lieber einen Schritt zurücktreten. Ja, zurück! Denn erst dann hat das Gegenüber die Möglichkeit, näher zu kommen.

Kevin und Sandra sitzen beim ersten Date in einem Lokal. Das Gespräch läuft gut, sie beugt sich nach vorn, nimmt einen Schluck vom Getränk und lässt im Anschluss ihren Arm auf dem Tisch liegen. Er sieht das als Chance. *Das macht sie doch absichtlich!* Sicher, Kevin, ganz sicher! Hundertprozentig! Unser Kevin legt also seinerseits den Arm auf den Tisch, sodass seine Hand die ihre beinahe berührt. Er hat eine Chance gesehen und sie sofort genutzt. Gut möglich, dass Sandra das aber ganz anders sieht. Ihr ist diese offensive Annäherung viel zu schnell gegangen. Deswegen zieht sie den Arm zurück und lehnt sich nach hinten. Sollte Kevin jetzt meinen: *Es läuft, denn jetzt kommen wir zum üblichen Flirtspiel. Sie macht sich rar und will, dass ich sie erobere.* Mit dieser Denkweise wird er ziemlich sicher als Single nach Hause gehen. Richtig wäre es jetzt, sich ebenfalls zurückzulehnen und das Gespräch aus etwas größerer Distanz weiterlaufen zu lassen. Und so lange zu warten, bis Sandra wieder kleine Distanzverringerungen vornimmt. Damit erkennt ihr Unterbewusstsein: *Er ist feinfühlig genug, mein Sicherheitsbedürfnis zu respektieren.* Es gilt also: Immer der Schwächere gibt Tempo und Distanz vor. Deshalb lieber einmal etwas zu viel Abstand gehalten und damit eventuell auch eine Chance sausen zu lassen, als Gefahr zu laufen, übergriffig zu wirken!

Ich habe der kellnernden Freundin für die weiteren Serviertage einen Tipp gegeben. »Führ doch hinter der Theke eine Strichliste. Für jeden angenehmen, sympathischen oder neutralen Gast einen Strich. Und für jeden übergriffigen, anzüglichen oder respektlosen Typ ebenso einen.« Das Ergebnis war eindeutig. Es waren genau drei Personen, die verbal anzüglich waren, und noch weniger wurden körperlich übergriffig. Genau einer! Der wollte sie umarmen, indem er den Arm um ihre Taille legte. Auf der sympathischen Seite hat sie irgendwann aufgehört zu zählen.

Natürlich ist jeder einzelne Übergriff einer zu viel. Wenn aber aus diesen Erlebnissen ein Weltbild entsteht, tut man den vielen Männern, die nicht so sind, unrecht. Und zum anderen prägt es ein Weltbild, das unglücklich macht.

Berührungen …

Die Hand zu lang geschüttelt, die zweite Hand obendrauf gelegt, ein zu langer Blickkontakt, die Stimme, die sich zu einem Raunen verflüchtigt, der Schritt, den er zu nah gekommen ist – so reicht schon eine unverdächtige Begrüßung, um als sexuelle Belästigung empfunden zu werden. Neben der körperlichen Nähe können Berührungen besonders heikel sein. Nun empfehle ich, nicht ganz auf Berührungen zu verzichten. Händeschütteln ist ein wunderbares Signal, um Menschen zu signalisieren, wir sind auf einer Ebene, wir wollen Kommunikation miteinander. Das kann durch ein Winken aus der Distanz oder einen Fistbump nicht ersetzt werden. Aber auch hier gilt, der beziehungsweise die Schwächere gibt vor, wie lang die Hand geschüttelt wird. In vielen Fällen ist das die Frau.

Wer beim Händeschütteln den Ellbogen hinter dem Rumpf hält, sodass die Hand kurz vor dem eigenen Bauch auf das Schütteln wartet, zwingt den anderen, zu nah heranzutreten.

Beim Annähern streckt man deswegen den Arm am besten ein klein wenig vom Körper weg. Nicht gleich mit durchge-

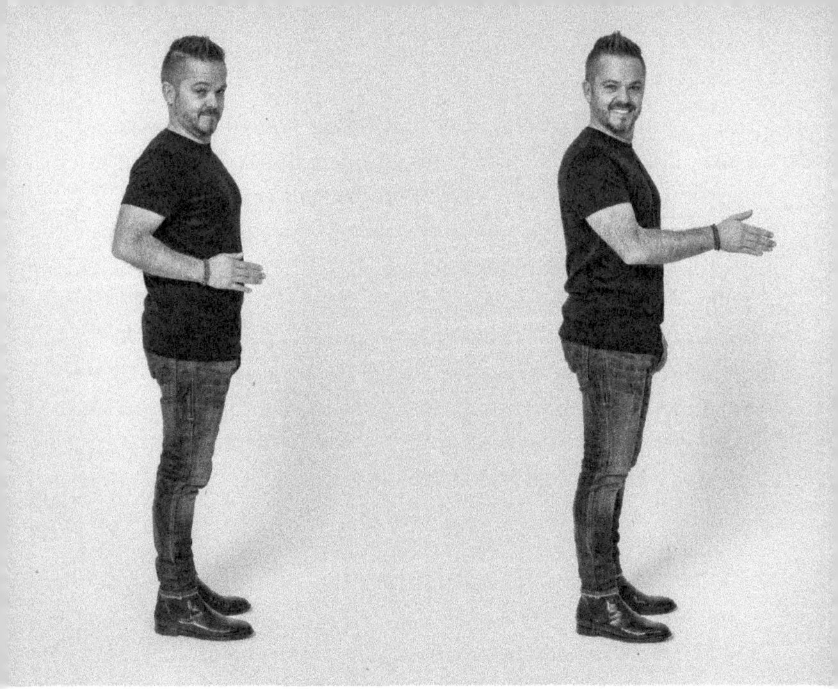

strecktem Ellbogen, das würde abweisend wirken. Ihr eigener Ellbogen sollte etwas vor Ihrem Rumpf sein, wenn Sie die Hand ausstrecken. Damit halten Sie etwas mehr als Unterarmlänge Abstand und zwingen Ihr Gegenüber nicht zu nah an sich heran. Das ist ein guter Mittelweg.

Die Dauer des Händeschüttelns gibt der Schwächere vor. Wenn das Gegenüber den Druck minimal verringert, signalisiert die Person damit das Ende der Begrüßung. Entsprechen Sie dem Wunsch! Haben Sie das Gefühl, Ihr Gegenüber ist unsicher, dann respektieren Sie das, indem Sie direkt nach dem Schütteln einen halben Schritt zurücktreten. Diese Distanz schafft Sicherheit und zeugt von Feinfühligkeit. Sollte es Ihrem Gegenüber nun zu distanziert sein, keine Sorge, er beziehungsweise sie wird seiner- beziehungsweise ihrerseits einen Schritt näher kommen. Damit sind Sie in jedem Fall auf der sicheren Seite.

... aber unzweideutig

Eine Berührung ist die intimste Form der Kommunikation. Wir sollten deswegen selektiv damit umgehen. Allerdings gibt es Momente, wo Berührungen auch bei sich nicht nahestehenden Personen wichtig sind, zum Beispiel beim Arzt. Eine Hand auf die Schulter, den Unterarm oder den oberen Rücken des Patienten zu legen, kann bestärken, trösten und Sicherheit geben. Um hier keine Missverständnisse aufkommen zu lassen, beenden Sie die Berührung mit einem kleinen Tippen. Heben Sie die Hand ein, zwei Zentimeter von der Schulter des Gegenübers ab und tippen Sie noch einmal sanft darauf. Sie schließen also die Berührung mit einem sehr sanften Klopfen ab. Es ist ein sehr sanftes Wegschieben. Das zeigt, dass die Berührung nicht weitergehen soll. Es ist ein klares Signal von Distanzierung.

Nicht jede Berührung oder jedes Zunahekommen darf als Belästigung verstanden werden. Es kann vielerlei Bedeutung haben, wenn jemand »touchy« wird.

- Manche Menschen haben einfach ein geringeres Distanzbedürfnis oder sind es gewohnt zu berühren. Wenn jemand in einer Familie aufgewachsen ist, wo es üblich war, sich anzufassen, auf jemanden trifft, bei dem das selten vorgekommen ist, kann eine Berührung schon unterschiedliche Empfindungen auslösen, obwohl keine böse Absicht dahintersteht.
- Im Alter nimmt die Feinfühligkeit am Körper ab. Der ältere Mensch muss also die Hand länger halten, um den anderen zu fühlen.
- In manchen Kulturen sind Berührungen normaler als anderswo.
- Und manchmal ist auch der unterschiedliche Grad an Begeisterung der Grund, warum jemand eine Berührung sucht und der andere das nicht möchte.

Denken Sie auch immer daran, dass die allermeisten Berührungen harmlos und nach wenigen Augenblicken beendet sind. Halten Sie durch! Ich tu es auch. Selbst wenn für mich als kleiner Mann so manche Umarmung im wahrsten Sinne des Wortes »überwältigend« und einengend ist. Stichwort: Gesicht auf Achselhöhe. Im Sommer der Hammer, ich sag's Ihnen. Und doch würde ich deswegen die Begeisterung und Offenheit eines Menschen niemals schroff zurückweisen. Denn mir ist bewusst, dass er nicht mit böser Absicht handelt.

Und alle, die meinen, jeder Einzelne, der sie berührt, wolle etwas von ihnen, leiden unter maßloser Selbstüberschätzung.

Männer als Opfer

Man könnte den Eindruck haben, dass Männer keine Opfer sexueller Übergriffe sind. Doch Statistiken belegen, dass auch sie Opfer sein können. Die alteingesessenen Kolleginnen, die dem jungen Azubi »kecke« Worte hinterherrufen und sich einen Spaß daraus machen, ihm vielleicht auf den Hintern klopfen. Oft wird das entschuldigt mit: »Der hat doch eine Freude, wenn eine Frau das bei ihm macht.« Eine besonders irritierende Szene aus der britischen Jeremy-Kyle-Talkshow zeigt einen jungen Mann, schmächtig, schüchtern, nicht besonders eloquent. Er berichtet, wie ihn seine Freundin zu sexuellen Handlungen gezwungen und im Anschluss auf dem Balkon ausgesperrt hat. Während er die Details erzählt, beginnt das weibliche Publikum schallend zu lachen und zu johlen. Der Moderator unterbricht die Sendung mit zornigem Unterton: »Diejenigen, die lachen, möchte ich fragen: Wie würdet ihr reagieren, wenn hier eine Frau sitzen würde, der so etwas widerfahren wäre?« Zunächst herrschte Beklemmung beim Publikum, und nach einer Weile applaudierten die Menschen.[33]

Der Mann, der gemeinhin als der Stärkere gilt, dem üblicherweise die Übergriffe zugeschrieben werden, *kann* einfach kein Opfer sein. Man muss ihn auch nicht ernst nehmen. So denken Männer und Frauen bisweilen. Männer, denen so etwas passiert, überlegen sich folglich zwei Mal, ob sie damit an die Öffentlichkeit gehen oder nicht. Zudem läuft sein Programm mit, sich gegen andere durchsetzen zu müssen, Schwäche zeigen kommt da nicht vor. »Was? Du kannst dich nicht mal gegen eine Frau wehren? Was bist du denn für ein Schwächling?« Männer wissen, sie haben weder von Frauen noch von ihren Geschlechtsgenossen Unterstützung zu erwarten. Also behalten sie solche Erfahrungen für sich.

Frauen haben ebenfalls Hemmungen, mit derartigen Erfahrungen an die Öffentlichkeit zu gehen. Aber eine Seite unterstützt sie höchstwahrscheinlich: die Frauen. Das Programm des gegenseitigen Zusammenhalts erfüllt hier seine Aufgabe. Erzählt eine Frau auf Social Media von sexueller Belästigung, erhält sie sofort enorm viel Zuspruch, Kommentare und Likes. Postet ein Mann so etwas, bekommt er wesentlich weniger Reaktionen. Die öffentliche Präsenz solcher Erlebnisse ist wesentlich geringer. Die #Metoo-Bewegung wäre unter Männern wohl niemals zu einem weltumspannenden Phänomen geworden.

Es gibt noch einen Grund, warum Frauen mehr Zuspruch aus der Bevölkerung erhalten, wenn sie belästigt werden. Die Menschen wissen, dass für die Erhaltung der Spezies der Mann eine untergeordnete Rolle spielt. Nach dem Akt der Fortpflanzung ist es zwar hilfreich, wenn er bei ihr bleibt und sich ebenfalls um die Kinder kümmert. Aber im Zweifel kann auf ihn verzichtet werden. Deswegen lautet auch jede Evakuierungsmaßnahme: Frauen und Kinder zuerst!

Frauen verbinden sich effektiver

Es war und ist für Frauen durchaus ein lebensbestimmender Aspekt, sich vor Übergriffen zu schützen. Nein, ich betreibe jetzt keine Schwarzmalerei, dass Frauen ständig bedroht würden. Und doch wächst jede Frau in dem Bewusstsein auf, dass ihr im Zweifelsfall die körperliche Kraft fehlt, sich zur Wehr zu setzen. Was zu einem absurden Faktum führt. In der Kindheit entwickeln sich Mädchen früher als Buben. In diesem Alter könnten sie die Jungs mit links verkloppen. Tun sie aber selten. Denn schon in diesem Alter ist ihr Gehirn mehr auf Kooperation als auf Dominanz gepolt. Aus gutem Grund.

Frauen wissen, dass der effektivste Schutz nur an einem Ort zu finden ist: bei anderen Frauen. Sie haben ein System entwickelt, besonders schnell eine Beziehung zu ihren Geschlechtsgenossinnen aufzubauen. Unterbewusst senden sie mit ihrer Körpersprache Signale aus, die Bindung erzeugen und im Notfall die Basis für gegenseitiges Einstehen und Unterstützung bilden.

Dem Zusammenhalt von Frauen liegen bestimmte Verhaltensmuster zugrunde, die bei Männern seltener zu beobachten sind. Beim Blind Date ist die Freundin immer auf Abruf. Für den Notfall. Kaum in die neue Wohnung gezogen, geht eine Frau zur Nachbarin, um sich Milch oder Zucker auszuleihen. Am nächsten Tag bedankt sie sich mit einer kleinen Schokolade, die mit freudiger Mimik übergeben und mit einem ebensolchen Ausdruck entgegengenommen wird. Während Männer danebenstehen und sich wundern, wie man an einer kleinen Schokolade so viel Freude haben kann. Dabei geht es weniger um Schokolade, nein, die ist nur ein Emotionsträger, mit dessen Hilfe mimische Verbindungssignale ausgetauscht werden. So wird unter Nachbarinnen der Zusammenhalt gestartet. Am Strand werden ein Blick, ein Lächeln und im Anschluss ein paar belanglose Worte mit der Dame im benachbarten Liegestuhl gewechselt. Damit ist eine Verbündete gefunden, die aufs Hab und Gut aufpasst, während man selbst kurz ins Wasser geht. Männer? »Pah, bevor ich den Nachbarn um Hilfe bitte, nehme ich das Handy lieber mit ins Wasser.«

Der Zoologe Heribert Hofer beschreibt die Notwendigkeit des Zusammenhalts, um sich gegen die männliche Dominanz zu behaupten, besonders eindrucksvoll am Beispiel von Hyänen. »Ein 55-Kilo-Hyänenmännchen läuft vor einem jungen 20-Kilo-Hyänenweibchen, das noch nicht mal von seiner Mutter entwöhnt ist, davon. Warum? Weil hinter dem jungen Weibchen drei ausgewachsene Hyänenweibchen lauern und es beschützen.« Frauen kennen sich mit dem Thema Kooperation also aus und nützen das.

Körperkontakt

Der Freundin über den Arm streicheln, die störende Haarsträhne aus dem Gesicht streichen. Mutter und pubertierende Tochter spazieren Händchen haltend durch die Straßen, Umarmungen bei Begrüßungen, Frauen, die sich gegenseitig schminken oder frisieren, ja selbst indirekt, indem Freundinnen untereinander die Kleidung tauschen – das kommt so häufig vor, dass es im Alltag gar nicht weiter auffällt. Bei Männern ist das eher nicht zu beobachten.

Immer wieder demonstriere ich das in meinen Shows und Workshops, dazu hole ich einen Mann und eine Frau zu mir auf die Bühne. Zuerst bitte ich das Publikum, sich vorzustellen, ich sei die Freundin dieser Frau, um dann solche Berührungen zwischen Frauen anzudeuten: Ich berühre sanft ihren Arm und streiche ihr eine Haarsträhne aus dem Gesicht. Im nächsten Moment wende ich mich dem Mann zu und mache die gleichen Berührungen bei ihm. Im Publikum wird laut gelacht, egal, wo auf der Welt ich das mache. Nein, mein Publikum ist nicht homophob, weil ich einem Mann solche feinfühligen Berührungen zukommen lasse. Das ungewohnte Bild führt zu dieser Reaktion. Männer sind im Alltag mehr damit beschäftigt, sich voneinander abzugrenzen. Aber um Himmels willen, das heißt nicht, dass sich Männer nicht auch umarmen oder sich gegenseitig die Hände auf die Schultern legen. Allerdings gibt es gewisse kulturelle Unterschiede. In mediterranen Gegenden wird mehr körperliche Nähe zugelassen als im Norden – auch unter Männern. Doch körperliche Berührungen unter Frauen kommen auch dort signifikant häufiger vor.

Das Gleiche gilt im Übrigen bei Distanzverhalten. Das ist von Mensch zu Mensch verschieden, aber überschreitet jemand eine persönliche Grenze, ist das für jede und jeden unangenehm. Die meisten Frauen fühlen sich jedoch unwohler, wenn ihnen ein Mann zu nahe tritt. Besonders wenn Gefahr in Verzug ist, rücken Frauen auch körperlich zusammen. Zum einen erzeugt Nähe und körperliche Berührung bei Frauen einen stärkeren Reiz, und zum anderen löst es ein Gefühl der Zusammengehörigkeit aus. Es ist ein Signal, um Bindung zu erzeugen.

Hierarchien angleichen – mit einer bestimmten Mimik

Eines der effektivsten Signale, um mit dem Gegenüber eine Verbindung aufzunehmen, ist ein Lächeln. Gleich denkt man, da ist mir jemand sympathisch. Aber warum lächeln wir dann den Polizisten bei der Verkehrskontrolle freundlich an, wenn er durch das Seitenfenster die Fahrzeugpapiere einfordert? Warum lächeln wir im Aufzug Menschen an, wenn sich unsere Blicke zufällig begegnen? Und warum lächeln wir schüchtern, wenn uns etwas Peinliches in Anwesenheit einer Respektsperson passiert? Es muss wohl mehr als Sympathie dahinterstecken. Ein Blick auf nahe Verwandte offenbart die wahre Funktion des Lächelns.

Schimpansen leben in Rudeln, und da geht es außerordentlich hektisch und aggressiv zu. Das können Sie in jedem Zoo beobachten. Um jeden Sitzplatz wird gekämpft, Futterneid reicht als Auslöser für aggressive Auseinandersetzungen, und natürlich ist der Chefposten in der Horde besonders umstritten. Die Affen ringen so heftig um die Alphaposition, dass der Schimpansen-Boss diese Stellung allein gar nicht halten kann. Eine Kooperation mit loyalen Mitstreitern, die die Rangordnung absichern, ist die Lösung. Das Alphatier bedankt sich für die Treue, indem es Grooming-Aufgaben übernimmt. Er säubert also das Fell seiner Getreuen. Was die allerdings im Gegenzug machen, ist besonders spannend. Sie bestätigen ihrem Chef die Loyalität mit einem mimischen Signal. Dazu ziehen sie den *Zygomaticus major,* den großen Gesichtsmuskel, nach hinten, sodass es auf den ersten Blick wie ein zähnefletschendes Grinsen aussieht. Dabei ist es das, was wir als Ursprung des Lächelns bezeichnen können. Es bedeutet: *Ich habe deinen Rang anerkannt, ich mache dir deinen Platz nicht streitig.*[34]

Und wissen Sie was? Wir machen das genauso! Wenn uns etwas Peinliches passiert, saugen wir ruckartig die Luft ein und ziehen die Augenbrauen nach oben. Und jetzt kommt's: Wir ziehen bei geschlossenem Kiefer die Mundwinkel stark nach hinten, genau wie Schimpansen und andere Primaten das machen. Es soll heißen: *Sorryyy, ich wollte das nicht! Bitte geh nicht zu streng mit mir ins Gericht!* Damit bestätigen wir: *Ich habe anerkannt, dass du der Mächtigere von uns beiden bist.* Der Vorteil dabei ist, dass es zu keinem Kampf um Hierarchien kommt. Lächeln ist im Ursprung also ein hierarchisches Signal. Deswegen ist es auch so unangenehm, wenn wir lächelnd auf einen Menschen zugehen, der das mit einer ernsten Mimik quittiert. Am angenehmsten ist

es, wenn sich alle Beteiligten mit einem Lächeln begegnen. Damit ist klar: Rangkampf gibt es unter uns keinen.

Im Übrigen lächeln wir bei klaren Hierarchien automatisch. Unter mehr als Ober. Hält einen also der Polizist bei der Verkehrskontrolle an, wird er mit einem Lächeln begrüßt. Weniger, weil man spontane Sympathie- und Freundschaftsgefühle für ihn hegen würde, sondern weil man signalisieren will: *Ich habe Ihren höheren Rang an der Uniform erkannt und ordne mich unter.* Drehen Sie mal in einem heroischen Selbstversuch bei der nächsten Verkehrskontrolle den Kopf langsam zum Seitenfenster, und schauen Sie den Beamten mit finsterer Miene an. Viel Spaß!

Frauen lächeln häufiger

Es wird beobachtet, dass Frauen mehr lächeln als Männer. Bis zu 62-mal am Tag, während Männer im Durchschnitt nur auf 8-mal kommen, laut einer Studie der Yale-Universität.[35] Wahrscheinlich sollte man diese Zahlen nicht zu genau nehmen, dafür sind Menschen zu unterschiedlich und Kultureinflüsse entscheidend. Außerdem ändert sich die Anzahl im Lauf des Lebens. Je älter, desto seltener. Auch bestimmte Lebensumstände wie das Berufsumfeld haben einen Einfluss auf die Häufigkeit. Aber an dem Umstand, dass Frauen öfter und zwar deutlich öfter als Männer diese Mimik einsetzen, ist nicht zu rütteln. Ein Grund liegt im schnellen Aufbau von Bindung mithilfe einer lächelnden Mimik.[36] Während Männer zögerlich dem anderen mit einem Lächeln seinen Status zugestehen, zeigen lächelnde Frauen der jeweils anderen: *Ob wir uns sympathisch sind oder nicht, ist weniger wichtig als die Basis für Bindung.* Wenn nämlich einer der Männer gefährlich wird, halten wir uns nicht mit Rangkämpfen auf, sondern wir halten zusammen. Wir lernen also: Frauen lächeln öfter. Und vornehmlich sich gegenseitig an.

Ein zweiter Grund für die höhere Frequenz hat mit der Kinderfürsorge zu tun. Dieses freundliche Gesicht vermittelt den Nachkommen Nestwärme und Geborgenheit. Dabei beschränkt sich das nicht nur auf die Nachkommen von Menschen. Bei einem Lehrgang mit der Hochschule Heilbronn beobachteten Professor Christoph Tiebel und ich die Studierenden, als sie einen Kurzfilm ansahen. Im Video war ein schlafendes Menschenbaby zu sehen. Ein entzückendes Hundebaby gab sich Mühe, das schlafende Kind mit einer Decke zuzudecken. Jede einzelne Frau starrte gebannt auf die Leinwand und lächelte. Ausnahmslos! Am Ende wandten sich einige lächelnd einander zu. Das signalisierte: *Ich bin gleich berührt von dieser Szene wie du,* und das erzeugt natürlich eine starke Bindung. Und die Männer? Ja, es gab tatsächlich ein paar, die lächelten. Die meisten aber schauten gelangweilt auf die Leinwand, scheinbar unberührt von der Szene. Es war beinahe keine Regung in den Gesichtern erkennbar. Manche nutzten diese Zeit, um sich den Nachrichten auf ihrem Handy zu widmen. Was für ein Unterschied! Offensichtlich löst ein solcher Anblick bei Männern weniger Aktivität im Gehirn aus.

Dieses Phänomen ist im Alltag durchaus zu beobachten. Frauen können sich dem Anblick und auch dem Weinen eines Babys zum einen schwerer entziehen, und zum anderen reagieren sie unmittelbar sichtbar auf das Kind. Der Blick in den Kinderwagen oder in den Welpenkorb zaubert automatisch ein Lächeln auf die Lippen der Frauen, was bei Männern wesentlich seltener vorkommt.

Geschlechtstypischer Blickkontakt

Fragt man Frauen, was in der Kommunikation besonders wichtig ist, nennen die meisten recht schnell den Blickkontakt. Die körpersprachliche Bestätigung, wahrgenommen zu werden, liegt dem zugrunde. Schon im Babyalter lässt sich beobachten, dass Mädchen den Blickkontakt zur Mutter stabiler aufrechterhalten, während Jungen sich leicht von Bewegungen und markanten Objekten ablenken lassen.[37] Ein Mobile oder eine Türklinke kann da schon mal attraktiver sein als Mamas Antlitz. Im Erwachsenenalter setzt sich das fort. Bisweilen wirkt das im Alltag ziemlich skurril, wenn sich Männer im Gespräch voneinander abwenden, um Blicke in die Runde zu werfen. Manchmal ist das so deutlich, dass sie mehr das Lokal, die Piazza oder die Menschen um sich herum im Fokus haben als die Augen des Gesprächspartners.

Vielleicht mag der Blick nach außen im Babyalter ein Vorbereiten auf die Spezialisierung im Erwachsenenalter sein. Männer fokussieren Dinge in der Ferne im Schnitt besser. Schließlich war es von Vorteil, wenn Säbelzahntiger, fette Beute und Gefahren aus größerer Distanz erkannt wurden. Wohingegen bei Mädchen die Bindung zu anderen Menschen in der unmittelbaren Umgebung wichtig ist. Auch der periphere Blick, also Dinge im Auge zu behalten, die sich am Rande des Blickfeldes abspielen, zählt ebenso dazu. Der ist bei Frauen besser entwickelt. Es scheint eine plausible Erklärung dafür zu sein, warum der Blickkontakt für Frauen als Feedback entscheidend ist.

Bei einer Studie der Universität Texas wurden Kleinkinder mit ihrer Mutter in einen Raum voller Spielsachen geführt. Der Aufbau des Experiments sah vor, dass sie die Spielsachen nicht benutzen durften. Zu beobachten war, dass die Mädchen häufig den Blickkontakt zur Mutter suchten. An der Mimik der Mutter überprüften sie, ob ihr Handeln okay war oder ob sie die Regel überschritten. Denn offensichtlich bewerteten sie die Beziehung zur Mutter höher als die Erkundung der Spielsachen. Die Jungen? Die pfiffen sich was und suchten deutlich weniger den Blickkontakt. Mehr noch, viele ignorierten nicht nur die Mutter, sondern auch die Regel und spielten trotz des Verbots mit den Spielsachen.[38]

Das Bedürfnis, den Blickkontakt zu halten und damit den Zustand der Beziehung beständig zu überprüfen, zieht sich durch das gesamte Leben einer Frau. Eine weitere Form der Bindung untereinander.

Ist also alles Friede, Freude, Eierkuchen unter Frauen?

Im Zweifel gegen den Mann

Nein, Frauen finden aneinander nicht automatisch alles gut, angenehm und sympathisch. Die Frau, die zu laut telefoniert oder den Müll vor der Wohnungstür stehen lässt, ärgert damit klarerweise auch andere Frauen. Aber Kritik daran wird selten frontal und mit groben Worten ausgedrückt, zu viel würde auf dem Spiel stehen. Es gibt natürlich auch Rivalitäten zwischen Frauen. Unlängst hat mir eine Frau von ihrer Scheidungsrichterin erzählt, die ihr, der großen, blonden, eleganten Frau, alle möglichen Hürden in den Weg stellte. Als Stutenbissigkeit hat sie es interpretiert – die gibt's, und sie ist gar nicht so selten. Aber Sie können sich nicht vorstellen, wie schnell die Richterin die Seiten gewechselt hatte, als der Ex-Mann in der Verhandlung verbal aggressiver wurde. Das ist im Alltag immer wieder zu beobachten.

Es kann sein, dass die eine Frau das Outfit der anderen mit schrägem Blick begutachtet. Der Schal, der ihrer Ansicht nach nicht zum Rest der Kleidung passt. Sie würde das nicht direkt kritisieren, würde es wohl eher übergehen. Wenn aber ein Mann kommentieren würde: »Der Schal sieht ja furchtbar aus!«, wendet sich das Blatt. Die Frau springt ihm nicht bei und bestätigt: »Ja, das habe ich mir auch gedacht!« Nein, sie und all die anderen Frauen, die der Szene beiwohnen, strafen nun den Mann mit schrägem Blick: »Lass sie doch modisch mal was ausprobieren! Und außerdem: Schau mal deine eigene Kleidung an! Einen Modepreis bekommst du dafür auch nicht!« Die rationale Meinung wird also einem höheren Gut, nämlich dem Zusammenhalt untergeordnet. Dem Schutz vor einer potenziellen Bedrohung.

Wir stellen uns umgekehrt vor, eine Frau würde die Krawatte eines Mannes kritisieren. Ihm würde wohl kein Mann beispringen. Im Gegenteil. So mancher Mann würde der Kritik der Frau beipflichten, denn immerhin wäre dieser Krawattenheini dann schon mal aus dem Rennen.

Frauen zeigen mehr Mimik

Diese subtile Form der Bindung ist schon in frühester Kindheit zu beobachten. Bei dem Videoexperiment an der Hochschule Heilbronn war nicht nur ein Lächeln im Gesicht der weiblichen Studierenden zu erkennen. Manche spitzten ihren Mund zu einem Kussmund, viele zogen die Augenbrauen in der Mitte zusammen und legten den Kopf zur Seite und zwar oft synchron zu den Bewegungen des jungen Hundes. Bei den meisten war die gesamte Mimik ein offenes Buch. Es sah aus, als wolle das gesamte Gesicht rufen: »Ohhhhh wie süüüüüß!« Die Mimik war bei den allermeisten ausdrucksstark.

Und das gilt bei Frauen generell. Nicht nur Freude und Zuneigung, auch Angst, Zorn und Nervosität sind im Gesicht einer Frau deutlicher ablesbar.

Es ist ein weiteres Element, um eine Beziehung zu stabilisieren. Ein Blick ins Gesicht der besten Freundin reicht, um zu wissen, dass sie traurig ist. Ihre Mimik verrät es. Ebenso, wenn sie glücklich ist. Was sich daraus ableiten lässt, ist von besonderer Bedeutung. Es führt dazu, dass die Frau mit der Freundin mitfühlt. Ein wenig von der Trauer beziehungsweise der Freude springt über. Und genau das erzeugt Bindung.

Oftmals führt das bei Paaren zu Unstimmigkeiten. Der Mann, der bei romantischen Filmen, Begräbnissen und emotionalen Momenten eine stoische Mimik beibehält, während die Frau daneben Tränen vergießt, wirkt neben ihr geradezu gefühlskalt. Und deshalb teilt sie solche Momente lieber mit der Freundin, die ebenso starke Reaktionen zeigt. Eine ausdrucksstarke Mimik offenbart die eigene Gefühlswelt und triggert Empathie-Zentren im weiblichen Gehirn der Gesprächspartnerin. Das bedeutet, das Gegenüber fühlt mit. Beides, ausdrucksstarke Mimik und bestimmte Empathie-Zentren sind bei Frauen im Durchschnitt stärker vorhanden als bei Männern. Damit zeigen sich weitere Signale, die subtil den Zusammenhalt bei Frauen verstärken. Eigentlich ein positiver Effekt – und doch scheint so manche Frau damit zu hadern.

Der Zusammenhalt scheint ein zielführendes Element der weiblichen Körpersprache zu sein. Und doch kann es in bestimmten Bereichen zu einem Nachteil werden, wie wir im nächsten Kapitel sehen.

»Nur weil ich ein Mann bin!« … »Nur weil ich eine Frau bin!«

»Hilfe! Man sieht es mir sofort an, was ich denke!«

Immer wieder werde ich von Frauen um Rat gefragt: »Bei mir kann jeder sofort sehen, wie ich mich fühle.« – »Mein Gesicht verrät all meine Gefühlsregungen!« – »Ich kann nichts verbergen!« – »Wie kann ich meine Mimik unterdrücken?« Als sei das negativ, als sei die unbewegte Mimik des Mannes erstrebenswerter.

Der Vorteil des starken mimischen Ausdrucks zeigt sich darin, wie besprochen, dass damit schneller und stärker Bindung erzeugt werden kann. Wenn sich die Kundin über die Lieferzeit aufregt und die Verkäuferin diesen Ärger in ihrem Gesichtsausdruck widerspiegelt, fühlt sich die Kundin verstanden. Der erste Schritt, um sie zu beruhigen. Würde die Verkäuferin eine versteinerte Mimik zeigen, käme die Kundin unterbewusst zum Schluss: *Die hat meinen Ärger nicht verstanden, also muss ich noch mehr Gas geben!* Außerdem ist erst durch deutliche Mimik Begeisterung möglich. Die erste Zeichnung des Kindes wird mit aufgerissenen Augen, Muskelanspannung und einer freudigen Mundmimik quittiert. »Wow«, rufen die Eltern unisono. Je deutlicher das Signal von Mama oder Papa kommt, desto wertgeschätzter fühlt sich das Kind. Das ändert sich niemals im Leben! Wer seine Anerkennung, Freude und Überraschung auf diese Art und Weise deutlicher zeigt, erntet mehr Begeisterung und Euphorie vom Gegenüber. Ganz bewusst habe ich die körpersprachlichen Signale detailliert beschrieben. Denn es soll Ihnen helfen, sich das wieder anzutrainieren, falls Sie glauben, im Erwachsenenleben würden sich Begeisterung und Freude nicht mehr schicken. Seien Sie stolz, wenn Sie einen starken mimischen Ausdruck haben, und hadern Sie weniger damit.

Es gibt Gespräche, da werden Sie nicht anders können, als sich aufzuregen, mitzufühlen, mitzufreuen. Gespräche, in denen Sie Farbe bekennen und für Ihre Überzeugungen kämpfen wollen. Da darf Ihre Meinung auch im Gesicht ablesbar sein. Stehen Sie dazu, dass Sie ein emotionaler Mensch sind. Und verbinden Sie Emotionalität nicht mit Unterlegenheit. Wer meint, dass der Chef, der nie eine Regung zeigt, das stärkere Alphatier ist, vergisst, dass diese Mimik nur in einer Situation notwendig ist – einer Notsituation. Es stimmt schon, wer Stabilität verkörpert, während alle anderen in Panik geraten, vermittelt Souveränität. Daran gibt es nichts zu deuteln. Aber überlegen Sie mal, wie selten es solche Extremsituationen gibt. Eben! Und dann überlegen Sie weiter, wie unangenehm es ist, wenn Sie mit jemandem sprechen, der keinerlei Regung zeigt. *Man weiß nie, woran man bei dem ist.* Ein Garant für menschliche Distanz.

Das kennt man doch von daheim. Wer sich schon mal richtig über seinen Partner oder seine Partnerin aufregt, am liebsten aus der Haut fahren würde, der Partner aber keinerlei Reaktion zeigt und so tut, als wäre alles okay, der weiß, wie sehr diese Nicht-Reaktion Aggressionen in einem hervorruft.

Es ist deshalb völlig absurd, wenn manche Coaches das »Pokerface« als besonders erstrebenswert empfehlen. Das funktioniert nur, wenn eine Seite die ganze Macht hat und auf die andere Seite nicht angewiesen ist. Dann kann die Machtseite jegliche Regung unterdrücken und das Gegenüber im Ungewissen lassen. Beinahe alle Verhandlungen brauchen aber Zugeständnisse von beiden Seiten. Da ist Vertrauen das Wichtigste. Und das bauen wir auf, indem wir den anderen emotional einschätzen können – aufgrund der Mimik! Wer den anderen nicht durchschaut, wird ihm auch nicht vertrauen. Allein schon deshalb ist eine ausdrucksstarke Mimik von Vorteil.

»Du siehst genervt aus!«

Und dann wiederum gibt es Situationen, wo Sie verärgert, gelangweilt oder genervt sind. Augenverdrehen, einseitiges Lächeln mit nur einem Mundwinkel oder ein skeptisches Stirnrunzeln sind oft die sichtbaren Signale. Das löst beim anderen immer ein Signal der Gegenwehr oder Unterlegenheit aus. Da lohnt es sich zu überlegen, ob es sich überhaupt auszahlt, Emotionen zu investieren. Ist es der Small Talk, der Ihnen gegen den Strich geht? Oder spricht ein Mensch gegen Ihre ureigenen Überzeugungen? Ist hier für Sie etwas zu gewinnen, oder geht es nur ums Rechthaben? Wie lange dauert das Gespräch? Wahrscheinlich nur wenige Minuten. Wollen Sie dieser Person jetzt wegen der kurzen Zeit als zickiger Mensch in Erinnerung bleiben? Also, machen Sie gute Miene zu unangenehmen Worten. Sie werden sehen, dass damit beinahe alle nervigen Gespräche zu einer vorübergehenden Zeiterscheinung werden, die Sie schnell wieder vergessen haben. Warum? Weil Sie emotional nicht involviert waren. Konzentrieren Sie Ihr emotionales Engagement auf die Gespräche, die tatsächlich wichtig sind.

Umgang mit Nervosität

»Wenn ich nervös bin, bleiben die Autos stehen, weil ich knallrot anlaufe!«

Erst mal ist es tatsächlich so, dass Frauen durchschnittlich deutlicher rot anlaufen als Männer. Nervosität, Ärger und sexuelle Erregung sind also klarer erkennbar. Aber – und jetzt kommt der wichtige Zusatz – es fühlt sich innerlich deutlich stärker an, als es nach außen hin ist. Mein Kollege, Rhetorik-Experte René Borbonus, bringt es in einer Analogie auf den Punkt: »Wenn Sie richtig großen Hunger haben, dann fühlt sich das innerlich heftig an. Aber nach außen wird nichts oder nahezu nichts erkennbar sein.«

Dem kann ich nur zustimmen. Denn was wir innerlich fühlen, zeigt sich äußerlich meist in deutlich abgeschwächter Form. Für Sie heißt das: Sie wirken nach außen weniger nervös, als Sie sich innerlich fühlen.

Noch etwas Grundsätzliches zur Nervosität: Seien Sie doch froh, dass es Lebenssituationen gibt, die Sie emotional aufrühren. Präsentationen, wichtige Gespräche oder das erste Date.

Ich sage immer: »Wer beim ersten Date nicht nervös ist, für den war es kein Date, sondern ein Meeting.«

Gegenseitiges Anlächeln, Blickkontakt, starker mimischer Ausdruck und Körperkontakt – diese Verhaltensmuster haben das Ziel, ein Band untereinander zu knüpfen und zu festigen. Das war und ist ein hocheffektives Sicherheitsnetz, und es wurde schon genutzt, bevor es Notrufe und Polizeistationen gab. Aber Achtung, jetzt wird's interessant: Im Notfall *verspricht* sich die Frau Hilfe genau von jenen Personen, die keine exaltierte Mimik zeigen. Klingt paradox? Nur wenn man nicht genau hinschaut. Doch das machen wir jetzt.

Männermimik zielt auf Sicherheit ab

Wir laufen Gefahr, schwarz-weiß zu malen, wenn wir meinen, Frauen würden niemals dominieren wollen und Männern wäre Bindung völlig egal. Ich mache es konkret am Beispiel der Mimik: Männer zeigen sehr wohl mimische Signale, auch sie schaffen damit Bindung. Aber der Gesichtsausdruck ist im Schnitt weniger vielfältig als der von Frauen. Denn Männer verfolgen damit ein wichtiges *Versprechen.*

Die sichtbare Unterscheidung der Mimik beginnt in der Pubertät. Ab dann reduziert sie sich bei Jungen deutlicher als bei

Mädchen.[39] Auch das lässt sich mit den üblichen Verdächtigen – unter anderem dem Testosteron – erklären. Die Veränderung beginnt schon im Mutterbauch. In der embryonalen Pubertät, wie diese pränatale Phase bezeichnet wird, sind die ersten Testosteron-Shots dafür verantwortlich, dass die Entwicklung zwischen männlichen und weiblichen Embryonen unterschiedlich verläuft. Die Geschlechtsorgane beginnen sich auszubilden. Und im Gehirn werden bestimmte Kommunikationszentren bei männlichen Embryonen gehemmt, während Aktivitätszentren stärker ausgebildet werden. Das haben wir bereits besprochen. In den Teenagerjahren kommt ein regelrechter Testosteron-Hammer. Kombiniert mit dem Hormon Vasopressin hat das zur Folge, dass sich die Mimik bei Jungen ab diesem Alter reduziert. Ein Teil im Gehirn, die rostrale cinguläre Zone (RCZ), dürfte auch ihr Scherflein dazu beitragen, dass männliche Jugendliche aussehen, als wären sie in ein Botox-Fass gefallen. Weltweit, kulturunabhängig![40]

Wozu das Ganze? Warum weicht der vielfältige Gesichtsausdruck eines Kindes dieser eindimensionalen, begeisterungslosen Mimik? Die Gründe liegen in unserem Sicherheitsempfinden. Wenn wir Angst haben, vielleicht sogar panisch werden, dann ist das deutlich an unserem Gesichtsausdruck zu sehen. Aufgerissene Augen, Pupillen, die sich weiten, Augenbrauen, die hochstehen, der Mund, der sich öffnet und blitzschnell Luft einsaugt. Der ganze Körper erhöht seine Muskelspannung, und der Blick irrt umher. All das sind Vorbereitungen, um aktiv zu werden, wegzurennen, sich zu verstecken oder einen Retter zu suchen. Und dann steht da ein Mensch, der diese Gefahr ganz ruhig fixiert. Ohne eines dieser Angstsignale zu zeigen. Mit völlig unberührter Mimik beobachtet er genau die Situation, die alle anderen in Panik versetzt. Wie selbstverständlich orientieren sich alle an diesem Ruhepol, denn er zeigt mit seinem unbewegten Gesichtsausdruck: *Da muss mehr passieren, dass ich in Panik*

verfalle. Das signalisiert Überlegenheit. Eine Eigenschaft, die in Zeiten, als der Mensch noch größeren Gefahren ausgesetzt war, von enormem Vorteil war. Auch heute wollen wir in bestimmten Situationen diese stabile Mimik sehen, vor allem in Notsituationen. Der Patient, der mit stark blutender Wunde in der Notfallambulanz ankommt, die Familie, deren Haus brennt, die Frauen, die von einem Grobian angegangen werden: Sie alle wünschen sich eine Person, die mit ihrer stabilen Körpersprache zeigt: *Ich habe alles im Griff. Damit kenne ich mich aus, verlasst euch auf mich.* Jemand, der mit seiner Körpersprache *verspricht*, auch in Ausnahmesituationen Ruhe zu bewahren, wirkte und wirkt enorm anziehend. Im Kampf um eine Partnerin ist das von Vorteil. Deshalb hat sich diese Eigenschaft wohl besser reproduziert. Sprich: Männer mit der oben beschriebenen Eigenschaft »Ruhepol« hatten größere Erfolgschancen, eine Partnerin zu finden und damit ihr Genmaterial weiterzugeben. Der Mann gibt damit nämlich ein *Versprechen* ab: *Ich bin ein Fels in der Brandung.*

Aber wer den Eindruck hat, dass es Männer mit ihrer Coolness manchmal etwas zu weit treiben, liegt wohl nicht ganz falsch.

Coolness – ein Erfolgs*versprechen*

Cool sein hat bei Jungs oberste Priorität. Keine Angst davor zu haben, sich auch Gefahrensituationen unbekümmert auszusetzen. Das führt zu derart absurden Situationen, dass sich Männer in Wingsuits zwischen Felswänden hinabstürzen, ohne Fallschirm aus Flugzeugen springen oder bei geöffneter Autotür bei 100 km/h einen Fuß auf dem Asphalt schleifen lassen. Als Frau mag man sich da schon mal denken: *Geht's noch?!?* Besonders wenn der eigene Sohn solche Stunts macht. Männer sind zu solchen Taten fähig, weil in der Gehirnentwicklung eine Asymmetrie herrscht. Aktivitätszentren wie die Amygdala sind in der

Pubertät voll entwickelt, während der präfrontale Cortex, jenes Zentrum, das in der Lage ist, die Folgen des Handelns im Vorhinein abzuschätzen, noch nicht zur Gänze ausgebildet ist. Das heißt, junge Männer stürzen sich ins Abenteuer, ohne darüber nachzudenken, was passieren könnte. Solche waghalsigen Aktionen beschränken sich deshalb auf die späten Jugend- und frühen Erwachsenenjahre. Die Höchstleistungen bei Risikosportarten wie Formel 1, Motocross, Free Climbing oder Steilwandskifahren erzielen junge Männer meist in dieser Zeit. Mit Mitte, Ende 20 ist meist Schluss, dann schreit der präfrontale Cortex: *Spinnst du? Da könntest du dich schwer verletzen! Lass das!*

Grenzen überschreiten, cooler und waghalsiger agieren als die Mitbewerber ist grundsätzlich Männersache. Schließlich geht's darum, die einzige Eizelle zu erobern. Das führt auch dazu, dass sich Jungen öfter gegen Obrigkeiten aktiv auflehnen als Mädchen.[41] Die Schüler, die aus der letzten Reihe Kreide auf den Rücken des Lehrers werfen, sind eben auch meist männlich. Getränkedosen herumkicken, Mülleimer umtreten, in fremde Gärten einbrechen und dem Lehrer einen nassen Fetzen auf den Stuhl legen. Nicht, dass auch Mädchen rebellisch wären. Meist läuft es aber darauf hinaus, dass sie andere Jungen beklatschen, aber seltener selbst aktiv werden. »Aber was ist mit Greta Thunberg?«, könnte man einwerfen. Ja, absolut! Sie ist ein gutes Beispiel, aber statistisch nicht relevant. Heißt, ein weibliches Beispiel gegen 100 000 Beispiele von provozierenden, regelbrechenden, auflehnenden Jungen in jedem Jahrgang. Weltweit. Das ist statistisch relevanter.

Wer jetzt meint, mit einer anderen Erziehung wäre das alles ganz anders, dem möchte ich nicht gänzlich widersprechen. Allerdings dürfte auch hier der Coolness-Drang von heranwachsenden Männern mehr Gewicht haben. Deswegen fällt es auf, wenn sie mal schwach und verletzlich sind.

Männergrippe

»37, 5 Grad Fieber, und er führt sich auf, als würde er sterben. Ein bisschen Halsweh, und die Welt scheint zusammenzubrechen. Aber wenn ich krank bin, schert es ihn wenig.«

Tja, die Männergrippe. Comedians, Frauenrunden und Pseudoexperten wissen ganz genau: Männer sind Heulsusen. Sie nicken? Da sind Sie nicht allein. Viele Menschen sind der Meinung, Frauen seien weniger schmerzempfindlich als Männer. Als Argument wird oft die Geburt angeführt. Wohl wahr, diese Schmerzen auszuhalten, erscheint fast übermenschlich. Und selbst für Frauen ist es nur möglich, weil es die Natur so eingerichtet hat, dass in diesem Moment ein Hormoncocktail die Schmerzwahrnehmung der Frau so weit minimiert, dass sie das durchstehen kann. Aber dieser Lebensmoment lässt sich nicht auf die generelle weibliche Schmerzempfindung umlegen. Die Wissenschaft belegt, dass es in der Realität umgekehrt ist. Frauen sind im Schnitt schmerzempfindlicher als Männer.[42]

Woher aber kommt dieses weitverbreitete Klischee, Männer wären die Mimosen? Es hat wohl mit zwei Faktoren im Verhalten von Mann und Frau zu tun. Auf der einen Seite ist die schwächere Ausdruckskraft von Männern, auf der anderen Seite die stärkere Empathiefähigkeit auf weiblicher Seite. Wenn der Göttergatte, der üblicherweise wenig körpersprachliche Regungen zeigt, sein Gesicht verzieht, sich an die Stirn fasst und vielleicht sogar einmal aufstöhnt, bekommt er ihre Aufmerksamkeit, weil es aus seinem üblichen Verhalten heraussticht. Und dann eben ihre stärkere Empathie. Die löst aus, dass sie sich sogleich Gedanken macht, vielleicht sein Leiden googelt und vielleicht ein Medikament in der Apotheke besorgt. Auch wenn sie faktisch weiß: Er hat nur leicht erhöhte Temperatur. Zeigt sie die gleichen Regungen wie er, ist das für ihre, ohnehin stärkere Ausdruckskraft weniger ungewöhnlich. Es irritiert seine übliche Heuristik weniger, will heißen: Es ist nicht so ungewöhnlich für sie, sich an die Stirn zu fassen und zu seufzen. Folglich zieht es seine Aufmerksamkeit weniger an. Wenn wir bedenken, dass er auch noch weniger Empathie empfindet, entsteht eine Asymmetrie. Er läuft weder zur Apotheke, noch kocht er ihr eine Hühnersuppe. Da kann sich schon mal ein Zerrbild ergeben, das lautet: »Männer ergehen sich in ihrem Leiden, aber wenn ich mal flachliege, da kümmert sich keiner. Ich bin einfach widerstandsfähiger.«

Heulende Männer

»Männer halten gar nichts aus! Kaum haben sie ein wenig Fieber, fühlen sie sich dem Tod nah. Memmen! Wo sind die richtigen Männer geblieben?«

Aber gleichzeitig:

»Männer, zeigt Gefühle, wir wollen Emotionen sehen! Und ihr dürft auch gern mal weinen, das gehört zum modernen Mann dazu!«

Ein gestandenes Mannsbild soll er sein und keine angerührte Mimose. Aber wenn er beim Begräbnis der eigenen Mutter äußerlich ungerührt bleibt, überhaupt keine Regung zeigt, wenn die Jüngste ein Gedicht aufsagt, und beim Finale von *Titanic* nicht eine Träne vergießt, dann ist er gefühllos. Ein Stein.

Einerseits Gefühle zu zeigen, aber gleichzeitig belächelt zu werden, wenn's wehtut. Das ist tatsächlich ein Dilemma, vor dem Männer stehen. Und auch Frauen. Wir lernen also, dass es niemals grundsätzlich so ist, dass wir mit viel oder wenig Gesichtsausdruck besser fahren würden. Vielmehr geht es darum zu erkennen, dass es Momente gibt, wo das eine beziehungsweise das andere von Vorteil ist.

Erlauben Sie mir noch eine persönliche Erfahrung aus über 20 Jahren Arbeit mit dem Thema Körpersprache des Menschen.

Die meisten Menschen überschätzen ihren eigenen emotionalen Ausdruck. Wir leiden weniger an einem Zuviel an Mimik, vielmehr zeigen wir zu wenig Gefühle nach außen hin. Beobachten Sie das in Ihrer Firma, in der Nachbarschaft und in der Partnerschaft. Damit hinterlassen wir oft einen kühleren Eindruck, als wir eigentlich wollen.

Machen es Frauen besser?

Frauen besetzen seltener die Armlehne des Kinosessels, sie sitzen (fast) nie mit gespreizten Beinen in der U-Bahn, lächeln häufiger und haben weniger den Drang, sich gegenseitig zu übertönen. Was für ein Unterschied! Sind Frauen also die besseren, weil harmonischeren Menschen?

So einfach ist das nicht zu beantworten. Wenn genug Nahrung vorhanden und der Säbelzahntiger ausgestorben ist, die schweren Baumstämme der Behausung nicht erneuert werden müssen und keine bösen Männer auf wehrlose Opfer warten, scheint die weibliche Körpersprache tatsächlich ein guter Kommunikationsweg zu sein.

Kräftemessen, Verdrängen, Raumgewinn sind also erst mal keine Signale, die Frauen aussenden. Würde nämlich eine Frau die Armlehne des Kinosessels zu offensiv beanspruchen, würde sie damit nicht nur den Unmut ihrer Sitznachbarin auf sich ziehen. Auch der Mann auf der anderen Seite würde ihr Ellbogendrängen zu spüren bekommen. Das könnte Stunk geben. Nun sind die Armlehnen von Kinosesseln in der Evolution nicht besonders umstritten gewesen. Wohl aber ressourcenreiche Territorien – Zugang zu frischem Wasser, fruchtbare Böden, schützende Höhlen. Wenn nun eine Frau die Höhle eines Mitmenschen besetzen wollte oder zu viel fruchtbaren Boden für sich reklamierte, fühlten sich diese provoziert und übervorteilt.

Vielleicht waren sie plötzlich gefährdet, weil keine zusätzlichen Behausungen mehr existierten oder keine sauberen Wasserquellen mehr vorhanden waren. Das führt zu Aggression. Nun ist der Frauenkörper aber meist weniger kräftig als der des Mannes. »Egal, soll sie doch einen Stein oder einen Ast als Waffe nehmen«, könnte man einwerfen. Doch nicht nur die körperliche Unterlegenheit, auch die Bereitschaft, Gewalt einzusetzen, ist bei Frauen deutlich schwächer ausgeprägt. Das liegt daran, dass das dafür verantwortliche Testosteron im weiblichen Körper nur in geringem Maße vorhanden ist. Den Gegner in die Flucht zu schlagen oder das wilde Tier zu besiegen, war und ist doch eher Männersache. Man weiß heute mit großer Sicherheit, dass Stuhlkreisdiskussionen mit hungrigen Säbelzahntigern allesamt ergebnislos gescheitert sind. Wenn diese possierlichen Tierchen mit Eckzähnen wie Spitzhacken und einem Riesenhunger die kleinen Menschenbabys als Vorspeise auserkoren hatten, war eine schnelle Reaktion und ein kompromissloses Vorgehen gefragt. Dafür sind der männliche Körper und auch seine Gehirnstruktur gut geeignet. Oberflächlich betrachtet möchte man meinen: Was soll das mit der Körpersprache einer Frau zu tun haben? Mehr als man meint, würde ich sagen. Es geht nämlich um den hauptsächlichen Unterschied zwischen Mann und Frau.

Weibliche Embryonen entwickeln ab der achten Schwangerschaftswoche Kommunikationszentren im Gehirn weiter, während bei männlichen diese Entwicklung zugunsten von Aktivitätszentren zurückgefahren wird. Und tatsächlich lässt sich im Alltag beobachten, dass sich Männer schwerer damit tun, die Füße stillzuhalten. Irgendwas ist zu *tun*, man muss was *machen*. Abenteuer und Eroberungen waren schon in der Geschichte meist Männersache. Stimmt schon, Frauen hatten aufgrund des Patriarchates gar nicht die Möglichkeit, die Welt auf Schiffen zu umrunden oder den Mount Everest zu besteigen. Wenn wir in der Geschichte zurückgehen und den geringen Anteil von Abenteurerinnen und Entdeckerinnen sehen, bestätigt sich das. Es reicht aber als Erklärung nicht aus. Vor einiger Zeit habe ich in einem deutschen Qualitätsmedium gelesen, dass Höhenbergsteigen frauenfeindlich sei, weil der Anteil der Alpinistinnen zu gering sei. Mein erster Gedanke war: Vielleicht haben einfach nur wenige Frauen den Vogel in die sauerstoffarme Todeszone auf über 8000 Meter zu steigen und ihr Leben zu riskieren? Weltumseglerinnen, Basejumperinnen, Höhlentaucherinnen sind in der absoluten Minderheit. Die oben besprochene unterschiedliche Verschaltung im weiblichen Gehirn bewertet Neugier und Aktivitätsbedürfnis geringer als den Gedanken an mögliche Gefahren und Einsamkeit. Vergessen wir nicht, dass es bei der Frau auch um ein sehr wertvolles Gut geht. Die Eizelle, vor allem wenn sie erfolgreich befruchtet wurde, muss beschützt werden. Eine Harakiri-Aktion, nur um Bewunderung zu erhalten, war da wohl nicht im Sinne des Erfinders.

Die größere Kommunikationsbereitschaft beziehungsweise der Drang zu Aktivität ist also – bei allen individuellen Abstufungen – ein Stereotyp, das weder anerzogen noch von der Gesellschaft aufgedrängt ist. Es ist eine Spezialisierung, die der Menschheit im Laufe der Evolution offensichtlich gut gedient hat. Leider auch mit negativen Auswüchsen.

Das E-Mail-Pingpong – ein Männerspiel

Der Mann, der von Beginn an den Drang hat, irgendwo der Erste, Lauteste, Stärkste und Dominanteste zu sein, wird sich schwertun, das in einem Meeting einfach abzulegen. Mehr noch, es wird ihm gar nicht bewusst sein, wie sehr er damit andere an den Rand drängt. Andererseits hilft ihm dieser starke Trieb, Dinge durchzuboxen, wo andere aufgeben. Das führt bisweilen zu völlig absurden Exzessen des Kampfes.

In vielen Unternehmen ist bei jungen, aufstrebenden Führungskräften das Wer-arbeitet-am-längsten-Spiel verbreitet. Welcher von den Kollegen schreibt die letzte E-Mail am Abend und wer schreibt die erste in der Früh. *Was? Um 23:34 Uhr hat der noch gearbeitet? Und der andere Kollege hat die erste E-Mail schon um 06:17 Uhr beantwortet. Na, wartet nur, euch werde ich's zeigen. Heute geht meine letzte nach Mitternacht raus.* Viele Männer animiert es, da mitzuspielen. Es ist ein Kampf ohne Waffen und Feindberührung. Aber ein sehr erschöpfender.

Eine groß angelegte Studie bestätigt das unterschiedliche Verhalten von Männern und Frauen im Berufsleben. Und es korreliert mit dem körpersprachlichen Verhalten. Frauen haben im Durchschnitt mehr Interesse an Aufgaben, die Kommunikation und menschliche Beziehungen beinhalten. Männern dagegen sind Prozesse, Abläufe und technische Projekte wichtiger.[43] Das mag ein Grund sein, warum Frauen bei diesen subtilen Battles in Unternehmen sehr wohl mitmachen. Aber nur bis zu einem gewissen Grad, denn irgendwann sagen sich die meisten: *Bin ich denn blöd? Da mach ich nicht mehr mit. Ab 20:00 Uhr schaue ich in keine E-Mails mehr rein.* Freunde, Familie und, wenn vorhanden, Kinder sind wichtiger, als ständig für die Firma da zu sein.

Ehrlicherweise muss man sagen, dass es absurd ist, nach solchen Kriterien die Qualitäten eines Mitarbeiters zu beurteilen. Und doch wird es gemacht. Allerdings wohl weniger wegen der eigentlichen Arbeitsleistung als vielmehr wegen der Bindung, die damit einhergeht. Es schweißt zusammen, wenn bestimmte Mitarbeiter bis spät in die Nacht und früh am Morgen erreichbar sind. Wenn der Chef selbst ein Getriebener, ein von Tatendrang erfüllter Mensch ist, findet er damit einen Mitstreiter, einen Verbündeten. Die Beziehung ist vertrauensvoller als mit den restlichen Mitarbeitenden, die erst im Meeting um 9:00 Uhr in Erscheinung treten und sich um 17:00 Uhr wieder vom Acker machen.

Damit Sie mich nicht falsch verstehen: Von mir werden Sie keine E-Mail nach 19:00 Uhr erhalten und vor 8:00 Uhr ebenfalls nicht. Ich bin kein Freund dieser Strategie. Es soll uns aber klarmachen, dass ein derartiges Verhalten Auswirkungen auf das Unternehmen hat. Und das ist wohl auch mit ein Grund, warum nicht immer der oder die Beste die Karriereleiter erklimmt, sondern die Person, die den Entscheidern das bessere Gefühl vermittelt. Das Durchsetzungsprogramm des Mannes spielt da offensichtlich eine entscheidende Rolle.

Es gibt Unternehmen, die schalten die E-Mail-Systeme am Abend ab. Das ist eine Möglichkeit, die allerdings einen Nachteil hat. Wer schon einmal mit großer Freude und Enthusiasmus an einer Idee gearbeitet hat, für den ist Arbeit kein Stress, sondern eine Quelle der Energie. Denken Sie dran, wie viel Energie Sie freisetzen, wenn Sie Lust haben, Ihren Garten oder Ihr Heim umzugestalten. Jede Wartezeit wird da zur Qual. Hat man eine Idee oder eine Lösung, kann man es kaum erwarten, sich mit den ebenso enthusiastischen Kollegen oder Freunden auszutauschen. Wenn man aber daran gehindert wird, wird die Begeisterung à la longue unweigerlich gehemmt werden. Einschränkend muss ich dazu sagen, dass das nur gilt, wenn beide Seiten gleichermaßen für ein Projekt brennen.

Außerdem kann man festhalten, dass die Teilnehmer beim E-Mail-Pingpong oder ähnlichen Spielchen einen hohen Einsatz bringen: soziale Verarmung. Wer ständig mit den Gedanken beim Job ist, reduziert seinen Freundeskreis auf diese Gruppe. Wer nur noch ein Gesprächsthema hat, ödet alle Menschen an, die daran keinen Gefallen finden. Außerdem haben Karrierefreundschaften die Eigenschaft, zweckgebunden zu sein. Man erwartet sich mithilfe dieses Kollegen, einen Schritt nach oben zu kommen. Oft sind das fragwürdige Freundschaften.

Hier wäre eine Synthese der beiden Gegensätze »Arbeitseinsatz und soziale Bindung« angebracht. Wer in wichtigen Situationen, bei Projekten und privat mehr Einsatzbereitschaft zeigt als die Mitstreiter, erzeugt eine Bindung zu denen, die eine Idee vorantreiben wollen. Die Kunst besteht darin, nach Beendigung des Projektes aus dem Pingpong-Spiel auszusteigen und es nicht zum Selbstzweck zu erheben, indem man weiter E-Mails bis spät in die Nacht schreibt, nur um die größte Ausdauer zu demonstrieren. Denn wer nur Einsatz um des Einsatzes willen zeigt, ohne damit effektiv ein Projekt zu vollenden, verliert die soziale Bindung. Frauen sollten zudem nicht übersehen, dass ihnen die Signale der Bindung oft Vorteile bringen. Auch im beruflichen Umfeld.

Was für Männer oft unverständlich erscheint.

Frauen werden aufgrund ihres Geschlechts bevorzugt?

Ein Unternehmen hatte einen Marketingjob ausgeschrieben. Ein Mann, top ausgebildet, mit Auslandserfahrung und exzellenter Jobhistorie, bewarb sich. Die zweite Bewerberin, eine Frau, ebenfalls gut ausgebildet. Aber weder auslandserfahren, noch konnte sie namhafte Unternehmen als vergangene Arbeitgeber nennen. Die Ausgangslage schien eindeutig zu sein.

Als der Mann den Raum betrat, tat er das mit der Selbstsicherheit des Erfolgreichen. Aufrechte Haltung, geschwellte Brust, etwas desinteressiert am Gegenüber. Insgesamt sehr souverän, vielleicht etwas zu viel des Guten. Seine Körpersprache wollte sagen: *Eigentlich müsst ihr froh sein, dass* ich *mich bei euch bewerbe, nicht umgekehrt.* Mit dieser Haltung, die haarscharf an der Arroganz entlangschrammte, führte er das Job-Interview.

Im Anschluss betrat die Frau den Raum. Eine strahlende Persönlichkeit. Mit angenehmem Lächeln, offener Gestik und viel Begeisterung startete sie ins Gespräch. Ihre Körpersprache vereinte Selbstsicherheit und Sympathie auf so gekonnte Art, dass sich die Bewerbung bald zu einem Projektmeeting entwickelte. Die Ideen flogen nur so hin und her, und man spürte, dass die Chemie zwischen allen Beteiligten stimmte.

Was glauben Sie, für wen sich das Unternehmen entschieden hat? Natürlich für die Frau. Der Mann hatte wenig Verständnis für die Entscheidung. *Tolle Ausbildung, enorm viel Erfahrung und trotzdem das Bewerbungsmatch verloren, gegen eine Frau?! Da haben wir es wieder. Diese verdammte Frauenquote! Nur weil ich ein Mann bin, werde ich benachteiligt.*

Das alles hat sich tatsächlich so zugetragen.

Und nun machen Sie folgendes Gedankenexperiment: Drehen Sie die Geschlechter in dieser Geschichte um!

Müssen Frauen mehr leisten?

Frauen müssen mehr leisten als Männer, um die gleiche Position zu erreichen! Mmmh, schwierig! Das mag in Einzelfällen stimmen, aber wohl nicht generell. Sie brauchen die bessere Ausbildung für die gleiche Position? Nein, das würde unserem Bildungssystem widersprechen – schließlich sitzen nicht nur Frauen in den höheren Studien- und Lehrgängen. Zudem würde es bedeuten, dass Männer schlechter ausgebildet wären. Ich hoffe, die Ärzte, Lehrer, Marketing-Männer haben die gleiche Ausbildung durchlaufen wie Ärztinnen, Lehrerinnen und Marketing-Frauen. Kurzum, die Kriterien dürften wohl nicht so unterschiedlich sein, für Männer und Frauen. Aber auf einer tieferen Ebene kann eine Führungsposition einer Frau deutlich mehr Energie abverlangen als Männern.

Wir haben gesehen, warum es für Frauen wichtig ist, Beziehungen zu anderen Menschen zu pflegen und Konflikte zu vermeiden. Aus einer Gruppe ausgeschlossen zu werden und zu spüren, dass andere mit einem lieber nichts zu tun haben wollen, verursacht emotionalen Stress. Oft mehr als für Männer. Sicherheit ist der zentrale Antrieb dafür.

Nun bringt eine Führungsposition aber genau diese Einsamkeit mit sich. Nicht, dass man völlig allein durch die Büroflure gehen würde, aber man hat auf höheren Hierarchieebenen ganz einfach weniger Kollegen, mit denen man sich austauschen und auf Augenhöhe plaudern kann. Als einfacher Mitarbeiter ist potenziell jeder Kollege ein Mensch, mit dem man sich über Kunden, Kollegen, Chefs und Arbeitsabläufe austauschen kann. Man hat die gleichen Probleme mit dem Produkt, teilt ähnliche Erfahrungen mit den Kunden und hat manchmal auch die gleichen Feindbilder. In diesen Gesprächen werden Probleme gelöst, oder man lässt einfach gemeinsam Dampf ab. Vielleicht sogar über den Chef. Oder eben die Chefin. Damit fällt die Chefin als Gesprächspartnerin schon mal weg. Steigt nun ein Mitglied aus diesem Kollegenkreis auf und wird Boss der anderen, reduziert sich für diese neue Chefin die Möglichkeit des kollegialen Austauschs drastisch. Wenn wir davon ausgehen, dass jede Führungskraft im Durchschnitt etwa zehn Menschen direkt führt, reduziert sich die Anzahl der potenziellen Gesprächspartner um den Faktor zehn. Klar kann die neue Teamleiterin immer noch mit ihren Teammitgliedern belanglos plaudern. Allerdings wird sie über kurz oder lang die Distanziertheit zu spüren bekommen. Spätestens dann, wenn sie eine Lohnerhöhung nicht geben kann, Budgets kürzen, Urlaubsanträge ablehnen oder gar Kündigungen aussprechen muss. Dann ist nämlich diese Chefin zur Buhfrau der Kollegenschaft geworden. Sie kann sich also maximal mit Leuten der gleichen Hierarchieebene austauschen. Und diese Ebene ist eben zehnmal schwächer besetzt, weil es viel weniger Häuptlinge als Indianer gibt. Noch eine Ebene höher sind's noch weniger Kollegen, und damit wird auf dem Weg nach oben die Anzahl der Menschen mit den gleichen Herausforderungen weniger und weniger. Logischerweise muss man nun viel öfter die Dinge mit sich selber ausmachen und Entscheidungen ohne Konsultation von Kollegen treffen. Das steckt in dem Satz: »Da oben ist's einsam.« Das muss man schon wollen. Es kann also sein, dass das so manche Frau (und so manchen Mann) zunehmend unter emotionalen Stress setzt, dass sie sich denkt: *Ich tu mir das nicht an*. Es ist also ein Abwägen, wie man sein Leben leben will. Und in diese Entscheidung dürfte das angeborene Verhalten durchaus mit hineinspielen.

Neid unter Frauen

Zusätzlich ist jede Frau, die nach oben kommt, auch eine Frau, die sich aus der Gemeinschaft verabschiedet. Nicht, um sich unterzuordnen, nein, im Gegenteil, sie erhebt sich über andere. Die Medizinnobelpreisträgerin Christiane Nüsslein-Volhard meint dazu: »Ich habe mehr unter Frauen gelitten als unter Männern. Der Neid von Frauen, wenn man meinen Weg geht, der ist schlimmer.«

Ich schlage vor, beim Thema weibliche Führungskräfte nicht nur die Anzahl derer zu sehen, die oben sind, sondern auch immer mit einzubeziehen, was sie für den Weg nach oben geopfert haben. Sollten Sie als Frau bereits eine Führungsposition bekleiden, verstehen Sie vielleicht, warum es Ihnen besonders schwerfällt, unangenehme Entscheidungen zu treffen. Einer Frau zu kündigen, widerspricht grundsätzlich dem Bedürfnis, Bindung einzugehen. Sie wissen, dass Sie damit noch ein wenig einsamer, vielleicht sogar angefeindet werden. Und zwar vom eigenen Geschlecht.

Der genannte Aspekt der »gemeinschaftlichen Integration« ist kein Konstrukt des Patriarchats, denn auch Männer geben mit jeder Hierarchieebene, die sie weiter nach oben kommen, soziale

Integration auf. Wie erwähnt, ist ihr Bindungsbedürfnis untereinander jedoch geringer. Und wenn ich manchmal höre, Männer würden sich stark verbünden, liegt dem ein Missverständnis zugrunde. Männer binden sich weniger, als sie vielmehr sehr schnell Hierarchien schaffen. Wenn Männer zwei-, dreimal gemeinsam auf ein Bier gehen, gibt's bald mal einen Obmann, einen Stellvertreter und einen Kassier. Welche Frauenrunde würde auf diese Idee kommen? Männer legen mehr Wert darauf, diese Machtanordnung einzuhalten. Wer also in einer Organisation arbeitet, die nach solchen Strukturen organisiert ist (wie die allermeisten Unternehmen und Institutionen), muss sich auch einordnen, um die Akzeptanz zu erhalten. Das kostet Kraft.

Machen Sie nur so lange mit, solange Sie grundsätzlich eine große Freude und Energie verspüren, wenn Sie an Ihre Arbeit denken. Sobald Sie bemerken, dass es gegen Ihre sozialen Werte geht, verändern Sie sich. Ihr Bedürfnis, integriert zu sein, lässt sich mit Status und Geld nur zeitlich begrenzt überblenden.

Umgang mit Ablehnung und Niederlage

Ich stelle eine These in den Raum, die Ihre Gedanken ein wenig anregen soll. Lassen Sie uns über den Umgang mit Ablehnung und Niederlage im Berufsleben sprechen.

Wir haben auf der einen Seite Frauen, die es gewohnt sind, im Paarverhalten umworben zu werden. Mehr noch, sie machen sich sogar rar, aus den bekannten Gründen. Sie können die Avancen von Männern ablehnen, denn sie wissen, bald wird es der nächste versuchen. Eine Frau lernt von der Pubertät an, dass sie diejenige ist, um die der Mann sich bemüht. Diese Gewissheit ist so stark, dass das männliche Werben gar nicht so selten als lästig empfunden wird. Ich glaube, dass vielen Frauen dieser

Umstand gar nicht bewusst ist. Verständlich, denn die Menge an Werbern nützt ihr nichts, wenn sich nicht der eine richtige um sie bemüht.

Auf der anderen Seite haben wir die Männer, die von Kindheit an in gegenseitigem Wettkampf stehen. Klar, auch Mädchen und Frauen feiern bei einem Wettkampf gerne Siege, aber danach trachten sie, darüber den Zusammenhalt nicht zu gefährden. Ein Sieg wird gemeinsam gefeiert und die Verliererin mit einbezogen. Die Gewinnerin macht sich vielleicht sogar kleiner, indem sie sagt: »Ich hatte einfach nur Glück.« Männer dagegen erhöhen sich gern nach einem Sieg, machen sich breit, klopfen sich auf die Brust. Dazu formen sie mit Zeigefinger und Daumen ein L vor die Stirn und signalisieren dem Verlierer: »Loser!« Folglich stehen Männer von Kindesbeinen an regelmäßig auf der Verliererseite, wo sie die Häme der Sieger abbekommen. Damit nicht genug: Ab der Pubertät erleben Männer, wie Frauen ihre Avancen regelmäßig ablehnen. Männer sammeln also ständig Erfahrungen im Umgang mit Niederlagen und Zurückweisung. Und ihr »Programm« hat sie gelehrt: jetzt erst recht! Sonst würde der Reiz nicht funktionieren, die Frau, die besonders schwer zu erobern ist, am Ende für sich zu gewinnen.

Nun stelle ich in den Raum: Könnte es sein, dass sich Frauen aufgrund dieser Bedingungen im Berufsleben stärker vor den Kopf gestoßen fühlen, wenn sie abgelehnt werden? Wenn sie hören, dass ihre Präsentation schlecht war, sie den Job nicht bekommen oder bei einem Auftrag jemand anderem der Vorzug gegeben wurde? Vielleicht sogar Häme für eine Leistung abbekommen? Wenn die Reaktionen also ihrem gewohnten Verhalten widersprechen? Verwechseln Sie es nicht damit, dass Frauen im Job weniger oft abgelehnt würden. Das passiert ihnen ähnlich oft wie Männern. Vielmehr geht es darum, wie Frauen auf die Ablehnung reagieren. Vielleicht ist es weniger Ansporn im Sinne von »jetzt erst recht«, vielleicht fühlen sie sich eher ratlos, zweifeln an sich selbst und beginnen sich grundsätzlich zu hinterfragen.

Mir liegt es fern zu postulieren, dass Frauen zu weich wären, um im Berufsleben zu bestehen. Dafür begegne ich zu vielen toughen, durchsetzungsfähigen Frauen in der Businesswelt. Andererseits hielte ich es für inkonsequent, diesen Gedanken ganz aus dem Bereich des Möglichen zu verbannen.

Daran lässt sich erkennen, dass es mit der korrekten Gendersprache nicht getan ist. Unser nonverbales Verhalten spielt die tiefgreifendere Rolle. Dieses hat sich über Tausende von Jahren herausgebildet.

Männerleistung als Messlatte?

Ein Gedanke, der direkt an diesen beschriebenen Umstand anschließt, sei mir an dieser Stelle erlaubt. Der Fehler, den ich in der Gesellschaft und auch in der Frauenbewegung sehe, ist, klassische Männerrollen zu *dem* erstrebenswerten Ziel zu erheben. Eine Frau scheint nur dann erfolgreich zu sein, wenn sie genau das, was ein Mann tut, ebenso gut (oder besser) macht. Eine Bekannte erzählte mir kürzlich, wie sehr sie die Bürgermeisterin ihres Nachbarortes bewundert. »So eine Karriere! Als Frau!« Erst später erfuhr ich, dass die Lokalpolitikerin ein behindertes Kind allein großzog. Sie bekam viel Anerkennung für ihre Politkarriere. Die Kindererziehung hat ihr nicht annähernd so viel Respekt eingebracht wie die politische Karriere. Der Vorstandsvorsitzende, der sich jahrelang um seinen Nachfolger kümmert, ihn schult, seine Lebenserfahrung weitergibt, wird mit viel Gehalt und einem Chauffeur ausgestattet und am Ende mit einer Büste im Foyer des Unternehmens geehrt. Warum wird die Mutter nicht mit Chauffeur, gutem Gehalt und großen Ehren bedacht? Schließlich führt auch sie die nächste Generation ans Leben heran.

Ich höre schon den Protest, der nach diesen Zeilen aus den Reihen der Frauenrechtlerinnen kommt. Dabei will ich ganz und gar nicht »Frauen an den Herd« zurückschicken. Ich bestärke, unterstütze jede Frau, die beim Nach-oben-kommen-Spiel gerne und begeistert mitmacht. Aber auf jede einzelne dieser Frauen kommt eine Vielzahl, die das eben nicht will. Ich erachte es als falsch, diesen Frauen zu vermitteln, dass es minderwertig ist, ein einfaches Teammitglied zu sein oder sich mit sozialen und familiären Agenden zu beschäftigen. Denn viele Frauen tun das, was sie für Familie und Gesellschaft tun, wirklich gerne. Der Frust entsteht durch die geringe Wertschätzung. Gelobt werden sie natürlich schon. Am Muttertag. Aber auf Kongressen, bei Preisverleihungen und in Zeitungsartikeln werden dann doch die beklatscht, die den Männerweg beschritten haben. Wieso setzen wir nicht alles daran, mindestens ebenso wertvolle Care-Arbeit, Tätigkeit am Menschen und an der Gemeinschaft mit ebenso viel Prestige und Geld auszustatten? Damit könnten viele Frauen Karriere, soziale Interessen und das Bedürfnis nach Anerkennung besser vereinen.

Geschlechtsspezifische Stolperfallen im Beruf

Sind Männer also besser für eine Chefposition geeignet? Oder ist die Zeit für einen neuen, weiblichen Führungsstil angebrochen? Immer wenn ich höre, »neu« oder »Jetzt ist die Zeit reif, um etwas ganz zu verändern«, beginnt Charles Darwin im Grab der Londoner Westminster Abbey lauthals zu lachen. Unser Denken ist viel flexibler als unser Verhalten. Wir denken in Excel-Tabellen, digitalen Applikationen und völliger Unabhängigkeit von anderen Menschen. Aber unser Verhalten ist in den meisten Bereichen noch ein steinzeitliches.

Erst mal sind wir Menschen Rudelwesen. Und ein Rudel unterscheidet sich von einer Anhäufung in der Art, dass das Rudel ein gemeinsames Ziel hat. Ob das ein Jagdrudel, eine Gruppe von Menschen, die eine Hütte bauen, oder das Verkaufsteam einer Firma ist. Jedes Rudel zeichnet sich auch dadurch aus, dass ein Element die Richtung vorgibt. Man nennt es Alphatier. Die Gruppe folgt aber nur, wenn sie das Gefühl hat, dass das Alphatier weiß, wo es langgeht. Zudem muss Alpha den einzelnen Gruppenmitgliedern genug Wertschätzung entgegenbringen, sonst rebellieren sie oder verlassen die Gruppe. Sicherheit, Vertrauen, Sympathie und Dynamik sind Emotionen, die ausgelöst werden müssen. Ob von Mann oder Frau, spielt keine Rolle. Schauen wir uns dieselbe Situation mal aus männlicher und weiblicher Perspektive an.

Männerfallen

Ein Mann hat die Firma gewechselt und soll dort ein neues Team übernehmen. Das erste Team-Meeting ist anberaumt, alle Mitarbeiter sind angereist und haben sich in einem Besprechungsraum versammelt. Die Gerüchteküche brodelt: Wie ist der neue Chef? Kennt ihn jemand? In welcher Firma war er davor? Genau wie eine Schulklasse, die sich über einen neuen Lehrer austauscht. Ein Informationsaustausch mit dem Ziel, Sicherheit zu gewinnen. Man will herausfinden, was sich als vorteilhaftes Verhalten dem neuen Chef gegenüber erweist.

Der neue Chef weiß, dass der Moment, der wirklich zählt, sein erster Auftritt vor dem neuen Team ist. Mit Selbstbewusstsein und Sympathie will er von Beginn an ein gutes Klima schaffen, gleichzeitig will er seine Alphaposition definieren. So will jede Seite von Beginn an das Beste.

Er hat sich in Schale geworfen. Dunkelblauer Anzug, an den Schultern gepolstert, Krawatte, weißes Hemd, spitz zulaufende

Lederschuhe, das verleiht ihm Größe, denkt er insgeheim. Vor dem Spiegel nimmt er noch mal für eine Minute die Siegerpose ein – das sollte die Selbstsicherheit stärken. Er fühlt sich gut und will seine Selbstsicherheit auch mit seiner Haltung deutlich nach außen demonstrieren. Stramm richtet er sich auf, Brust raus, die Arme breit schwingend, die Ellbogen halten den beschriebenen Abstand zum Rumpf. Ihm entgegenkommende Menschen begrüßt er nur mit einem kurzen, ernsten Nicken. Immerhin könnten das alle schon seine Mitarbeiter sein. Die müssen gleich erkennen, wer hier der Chef ist. Im Fahrstuhl schlägt er sich noch mal auf die Brust zur Selbstbestärkung. Mit großen, weit hörbaren Schritten nähert er sich dem Raum. Ohne zu zögern, packt er die Türklinke und öffnet schwungvoll die Tür. Tempo ist ihm wichtig, schließlich ist er nicht zum Spaß hier. Ein wenig Härte im Auftritt würde alle Zweifler an seinem Alphaanspruch auf die Plätze verweisen. Und so ist auch sein Blick: ernst. Seine Tasche saust mit einem Knall auf den Boden, die Jacke wirft er auf den Tisch, direkt neben den ersten Kollegen. *Dynamik, Dynamik, Dynamik,* denkt er sich. Das ist es, was das neue Team braucht. Mit festen Schritten stellt er sich mittig vor seinem Team auf, Beine breit, Hände vor dem Schritt verschränkt, Ellbogen breit. Er wollte schon mit dem Sprechen beginnen, als ihm sein ernster Blick bewusst wurde. Im letzten Moment setzte er ein zögerliches Lächeln auf: »Hallo, ich freue mich, Sie alle kennenzulernen. Mir ist Harmonie wichtig. Wann immer jemandem etwas auf dem Herzen liegt, meine Bürotür steht immer offen. Nur keine Hemmungen!«

Wissen Sie was? Der Arme weiß es noch nicht, aber er wird einsam in seinem Büro sitzen. Dabei hat er alles in bester Absicht getan. Aber er tut es aus einem »männlichen« Selbstverständnis heraus. Aufrecht, breit und groß, so will er gesehen werden. Die

Dynamik, das Tempo, die großen Schritte und die klaren Bewegungen sollen seine Alphaposition verdeutlichen. Der Blick, den er wahrscheinlich nicht bewusst steuert, ähnelt dem weiter oben beschriebenen Blick von David Beckham. Nun mag es im Team einige geben, die davon beeindruckt sind. Aber andere werden sich von so viel Dynamik, Tempo und Lautstärke zurückgedrängt, überfahren fühlen. Der ernste Blick, die Tasche auf den Boden geknallt, die Jacke auf den Tisch geworfen, das sind deutliche Territorialsignale. Wer würde sich da schon freiwillig auflehnen wollen. Wenn der neue Chef dann versucht, einfühlsam eine offene Tür anzubieten, stehen sich Nonverbales und Verbales diametral entgegen.

Natürlich gibt es Momente, wo genau diese Körpersprache richtig ist: Wenn der wichtigste Kunde zu kündigen droht, eine Lieferung dringend organisiert werden muss, eine Deadline nicht eingehalten werden kann. In solchen Notsituationen braucht es genau solche Signale. Schnell, kompromisslos, dominant. Da bleibt keine Zeit, zu diskutieren oder auf Befindlichkeiten zu achten. Dann muss es eine Person geben, die das Heft in die Hand nimmt und mit der Körpersprache vermittelt: *Ich weiß, wo es langgeht!*

Wenn der neue Boss aber eine emotionale Bindung eingehen und das Team für sich gewinnen will, sollte er sich ein paar typische Frauensignale abschauen.

Frauenfallen

Heute würde sie also das neue Team kennenlernen. Das erste Mal in der Rolle einer Führungskraft. Da kann man schon mal stolz auf sich sein. Sie will alles richtig machen und hat sich deswegen gut vorbereitet. Inhaltlich ist sie vom Vorstand gut instruiert worden, weiß, was ihr Auftrag ist. Die Präsentation ist fertig, die Botschaften sind klar. Aber was soll sie anziehen? Businessmäßig? Leger und locker? Sie steht vor ihrem Schrank und geht die Kleidung durch. Dunkles Kostüm? Zu dick aufgetragen. Jeans und Blazer? Zu gewöhnlich. Sie bleibt beim Hosenanzug in Dunkelblau. Das ist seriös und betont gleichzeitig die Figur. Tja, welche Schuhe dazu? Natürlich könnte sie Sneaker anziehen, aber wäre das nicht ein wenig respektlos? Zudem wirkt ihre Haltung im Hosenanzug mit den hohen Schuhen gleich viel besser. Halskette? Sie entscheidet sich für die Perlenkette, denn sie hat mal gelesen, dass das die Krawatte der Businessfrau sei. Als sie sie anlegt, findet sie, dass ihr Dekolleté einen Knopf weiter offen verträgt. Dazu die passenden, langen Ohrringe. Sie schaut kurz an sich herab und bemerkt, dass der Pep fehlt. Ein Armschmuck! Sie entscheidet sich für zwei Armreife, die zu den Ohrringen passen, und fühlt sich gleich viel kompletter. Fürs Make-up nimmt sie sich viel Zeit. Schließlich will sie gepflegt und frisch aussehen. Am Schluss die Frisur. Sie frisiert lange daran herum, bis die schulterlangen Haare endlich so sind, dass sie einigermaßen zufrieden ist. Offen wirken die Haare am besten, findet sie, als sie sich frontal im Spiegel sieht. Sie dreht sich ein wenig hin und her, stellt ein Bein aus – sie gefällt sich. Jetzt kontrolliert sie das Make-up noch ein letztes Mal und trägt zum Schluss noch den Lippenstift auf. Rot. Sie macht ein Selfie und schickt es an ihre Freundin. »Bombe, denen wird die Luft wegbleiben!«, antwortet die. *Also, alles richtig gemacht,* denkt sie.

Aus dem Auto ausgestiegen, bemüht sie sich um einen eleganten Gang. Die Schritte eng, ihr Tempo ist nicht besonders hoch, das würde nicht zu ihrem Auftritt passen. Als sie die Stufen zum Eingang hochgeht, spürt sie ihr Haar und ihre Ohrringe schwingen. Sie fühlt sich nicht nur dynamisch, sondern auch weiblich. Jedem, dem sie auf dem Weg zum Meetingraum begegnet, schenkt sie ein Lächeln. Sie bemerkt nicht, dass das

Team ihre Schritte schon hört, lange bevor sie im Raum angekommen ist. Die hohen Absätze hämmern bei jedem Schritt auf dem Steinboden. Ihr fällt das nicht auf, zu sehr ist sie damit beschäftigt, Haltung zu bewahren. Würde sie das Schwingen ihrer Arme wahrnehmen, sähe sie, dass die Ellbogen offen nach vorn gedreht sind und jeder Arm in einem leichten Bogen um ihre Hüfte weit nach hinten pendelt. So weit, dass an der hintersten Stelle die Handflächen ganz nach vorn zeigen. Der figurbetonte Hosenanzug unterstreicht die weiblich schwingende Hüfte besonders stark. Mit den hohen Absätzen wäre das gar nicht anders möglich. An der Tür angelangt, fasst sie die Türklinke sanft an und öffnet sie vorsichtig – wer will schon bei der ersten Begegnung poltern. Sie platzt nicht direkt hinein, sondern streckt nur kurz den Kopf durch den Türspalt und lächelt keck in die Runde. Erst jetzt öffnet sie die Tür ganz und hat in dem Moment schon lächelnde Gesichter vor sich. Sie bleibt an der Tür stehen und fragt in die Runde, wo sie denn ihre Unterlagen ablegen dürfe. Bereitwillig zeigen die Kolleginnen auf den freien Platz ganz vorn. Eigentlich war ihr mehr nach Sprechen im Sitzen zumute, so würde sie sich geschützter fühlen. Hilft aber nichts, was muss, das muss, schließlich ist sie jetzt der Boss. Also geht sie mit kleinen Schritten nach vorn, die Armreife klimpern hörbar vom Schwingen der Arme. Sie findet ihre Position, nicht ganz frontal vor der Gruppe, sondern etwas seitlich. Sexy sieht sie aus, aber man möchte ihr fast den Weg zeigen. Sie stellt ein Bein aus, gerade so, dass die Hüfte ein wenig ausgestellt ist. Die Fußspitze zeigt dabei nach innen. Sie bemerkt, wie nervös sie ist, der Kopf fällt nach vorn, ihr offenes Haar verdeckt dadurch ihr halbes Gesicht. Sie hofft, durch diese Kopfhaltung die Hautrötung zu verbergen. Das Lächeln kann sie nun nicht mehr unterdrücken, obwohl sie sich eigentlich vorgenommen hatte, ernst zu bleiben und seriös aufzutreten, denn es sei ein äußeres Zeichen inneren Aufgeregtheit, das hatte sie in einem Magazin gelesen. Immer wieder kommt ihr ein »Hihi« über die Lippen, ein Ergebnis des angespannten Zwerchfells. Dabei hängen beide Hände mit verschränkten Fingern vor ihrem Schritt. Sie spürt die Nervosität aufsteigen, hat aber gelernt: Zuerst sammeln, tief ein- und ausatmen, die Augen für einen Moment schließen und dann loslegen. Mit einem leichten Kopfschütteln versucht sie, die Haare aus dem Gesicht zu schütteln, lächelt zaghaft und beginnt mit leiser Stimme zu sprechen. »Gleich zu Beginn möchte ich sagen, dass es mir wichtig ist, dass Regeln, die wir vereinbaren, auch eingehalten werden.«

Die Arme, sie weiß nicht, dass sie von den meisten im Raum als attraktiv, sympathisch, aber harmlos eingeschätzt wurde, vielleicht sogar nicht ganz ernst zu nehmend. Und so wird das mit den Regeln für sie ein Kampf gegen Windmühlen werden. Dabei hat sie ihr Bestes gegeben, um eine gute Figur abzugeben. Aber ihr Ziel war ein völlig anderes.

Sie hat viel Zeit in ihr Äußeres investiert. Das ist dem Drang geschuldet, schön sein zu wollen. Einiges davon ist richtig, allerdings hat sie es über ihre eigentliche Wunschwirkung gestellt, denn sie wollte als Alphatier wahrgenommen werden. Make-up, Schmuck, der enge Hosenanzug, die hohen Schuhe mögen toll wirken, gehen jedoch auch in Richtung Themenverfehlung. Denn es ist nicht, was die Teammitglieder erwarten. Ihr Bedürfnis war, Sicherheit, Entschlossenheit und Empathie versprochen zu bekommen.

Und so sind beide Protagonisten ein wenig »Opfer« ihrer geschlechtstypischen Körpersprache geworden. Der Drang, sich so zu verhalten, wie man sich selber gerne sieht, hat die Bedürfnisse der Mitarbeiter überblendet. Es macht also Sinn, sich immer wieder in Erinnerung zu rufen, dass die Körpersprache das passende *Versprechen* geben muss. Und das ist in vielen Fällen unabhängig vom Geschlecht.

Das ~~schöne~~ sich schön machende Geschlecht

Frauen legen mehr Wert auf Schönheit und Pflege als Männer. Das fängt schon in der Pubertät an. Manchmal zum Frust der Eltern. Wie eine Freundin von mir, die sich wundert, manchmal geradezu ärgert, dass ihre pubertierende Tochter auf Instagram-Sternchen, Bling-Bling und stereotypische weibliche Signale abfährt. Schon im Grundschulalter war das Mädel von Glitzersternchen, der Farbe Rosa und Nagellack begeistert. Dabei ist sie, die Mutter, und das kann ich bestätigen, so weit von Bling-Bling entfernt wie Angela Merkel vom Komasaufen auf Mallorca. Ähnliches beschreiben Susan Pinker und Louann Brizendine, zwei Wissenschaftlerinnen, die sich in ihren Forschungsarbeiten männlichem sowie weiblichem Verhalten widmen. Und ihnen kann wahrlich kein antiemanzipatorisches Denken vorgeworfen werden.

Der Drang nach Schönheit ist mehrheitlich eine weibliche Domäne. Instagram oder ähnliche Plattformen, auf denen es sich um Schönheitsprodukte, Klamotten, Frisuren und Make-up dreht, zählen zu den beliebtesten, und die Follower sind mit deutlichem Überhang Frauen. Die Beauty-Abteilungen in Kaufhäusern, Bekleidungs-, Schmuckgeschäften und dergleichen werden ebenfalls überwiegend von Frauen frequentiert. Sogar in Lebenswelten, wo Schönheit keine Rolle spielen dürfte, ist das Bedürfnis danach existent. Im Ancòn 2, einem peruanischen Hochsicherheitsgefängnis für Frauen, haben die Insassinnen in Eigeninitiative einen Beautysalon eingerichtet. Nach ihren Aussagen habe sich ihr Leben und ihre seelische Stabilität dadurch enorm verbessert.[44]

Man müsse die nächste Generation anders, weniger geschlechtsstereotyp erziehen, verkündete man schon in den 1990er-Jahren. Eigentlich müsste die erste Generation, die eine erkennbare Gegenbewegung zur rosarot-himmelblauen Welt erkennen lässt, den Kinderschuhen längst entwachsen sein. Aber es wird nicht weniger, sondern mehr! Geschlechtsstereotype Social-Media-Kanäle gewinnen stetig an Followerinnen, Fotoserien zu Red-Carpet-Abendroben sind nach wie vor der Renner, Nacktkleider der letzte Schrei, Bachelor-Staffeln erzielen hohe Einschaltquoten, und Schuhhersteller für Stilettos sind beinahe so ikonisch wie Rennwagenmarken für Männer.

Es gibt auch Meinungen, dass sich Männer angleichen und ihrerseits mehr in ihre Verschönerung investieren. Nachdem wir immer weniger dem Druck unterliegen, unser Äußeres dem Überleben unterordnen zu müssen, dürfte das wohl tatsächlich eintreten. Allerdings werden Frauen ihrerseits auch zunehmend mehr dafür investieren. Somit werden Männer wohl niemals das gleiche Maß erreichen. Denn es gibt einen tieferen Sinn, warum das weibliche Bedürfnis nach Schönheit und Selbstschmückung so stark anhält.

Die Attraktivste sein

Lassen Sie uns einen Schritt zurückgehen und uns erinnern, dass Männer um Frauen buhlen. In Bars, auf Dating-Apps, im Urlaub, überall ziehen Frauen Männer an. Selten ist es umgekehrt. Das bedeutet, dass Frauen die Wahl haben. Passt das eine Exemplar nicht, kommt das nächste. Kein Wunder, können sich Frauen über peinlich flirtende Männer, unmögliche Dating-Profile und aufdringliche Romeos lustig machen. Männer? Deutlich seltener. Nicht, weil sie die besseren Menschen wären, sondern weil ihre Auswahl geringer ist. Sie werden sich hüten, sich vorschnell über eine Frau lustig zu machen, denn wer weiß, wann die nächste kommt. Das dürfte wohl auch der Grund dafür sein, warum Männer wahlloser vorgehen.

Nun könnte man meinen, dass Frauen ein leichtes Leben haben und nur auf ihren Traummann warten müssten. Falsch! Frauen haben einen ähnlich großen Stress bei der Partnersuche. Denken wir wieder an die Vögel. Die Männchen balzen bis zum Umfallen. Aber sie umschwärmen nicht jedes Weibchen, nein, sie wollen das schönste haben. Das gilt auch für Menschenweibchen. Sie müssen attraktiv genug sein, um die Aufmerksamkeit der Männchen zu bekommen – der Grund, warum der Schönheitskampf vor allem unter Frauen ausgefochten wird.

Es ist das Bedürfnis, mit den anderen Frauen in Sachen Schönheit mitzuhalten oder vielleicht sogar aus der Reihe herauszustechen.

Bling-Bling, Kleidung und Frisur

Die weibliche Führungskraft von vorhin überlegte sich sehr genau, welchen Schmuck sie anlegen wollte und wie sie ihn kombinierte. Er verschwendete darauf kaum Gedanken.

Schmücken ist auch eine Kulturleistung, denn der Mensch kann es sich erst leisten, Armreife zu basteln, wenn er genug zu essen hat und einigermaßen sicher lebt. Seit jeher schmücken sich Frauen. Mehr als Männer. Ohrringe, Halsketten, Ringe, Armschmuck, verzierte Haarspangen, Broschen, auffällige Gürtel, Fußkettchen. Da kommt bei mancher Frau einiges zusammen.

Auch die Kleidung ist meist farbenprächtiger als die des Mannes. Bunte Blusen, geblümte Hosen, Schals mit wilden Mustern und Schuhe in leuchtenden Farben. Männer? Grau, Braun, Blau, und man hat quasi alles erfasst, was der Mann braucht. »Alles kulturell, man schaue sich nur die indigenen Völker an!« Stimmt, auch die Männer sind da farbenfroh gekleidet, höre ich immer wieder als Einwand. Vergleicht man allerdings beide

Geschlechter, fällt auf, dass Frauen farbmäßig noch einen obendrauf setzen.

Frauen legen generell mehr Wert auf ihr Äußeres. In diesem Zusammenhang wird oft über »gesellschaftlichen Zwang« oder »Männer, die es einem abverlangen« schwadroniert. Ich vermute, dass hier eher der Frust über den Aufwand des Verschönerns herauszuhören ist. Denn ja, es ist ein Aufwand! Allerdings ist der Druck innerhalb des eigenen Geschlechts größer. Geht die Nachbarin im Schlabberlook und nachlässiger Frisur zum Bäcker, ist das für Frauen ein Thema, das mit dem Durchsetzungskampf der Männer durchaus vergleichbar ist. Nur mit anderen Mitteln.

Kleidung, Make-up, Frisur sind aus zweierlei Gründen wichtig. Sie wirken erstens nach innen. Sitzt das Outfit, stärkt das die Selbstsicherheit. Und zweitens wirkt dieses Signal auch stark nach außen, denn es ist eines der ersten Einordnungssignale für die Umwelt. Der Automechaniker, die Ärztin, der Richter, sie alle tragen Kleidung, durch die wir sie sofort zuordnen können. Das gibt uns Sicherheit im Umgang miteinander. Wenn wir diese zwei Wirkrichtungen der Kleidung – nach innen und außen – beachten, erkennen wir, dass manche Menschen Gefahr laufen, die Wirkung nach innen als den wichtigeren Aspekt zu bewerten. »Ich zieh nur an, was mir gefällt. Und was die anderen darüber denken, ist mir schnurzegal!« Ja klar, das sind genau die Menschen, bei deren Style viele die Augen verdrehen.

Man schaut sich im Spiegel an und denkt: *Das sieht gut aus!* Ganz so, als ginge es bei dieser Einschätzung nur um einen selbst. Das eigene Gefühl zum Outfit ist durchaus wichtig, darf aber nicht über die Außenwirkung gestellt werden. Warum? Waren Sie schon mal over- oder underdressed? Dann kennen Sie das Gefühl, wenn man in exquisiter Kleidung auf eine Gartenparty geht und merkt, dass dort alle barfuß, in T-Shirt und Shorts herumlaufen. Oder Sie waren in Jeans und T-Shirt bei einem offiziellen Empfang, bei dem alle anderen in eleganter Montur auftauchten. Man fühlt sich dermaßen fehl am Platz, dass das positive Gefühl vor dem Spiegel im Nu verschwunden ist.

Wir müssen kurz über das Thema Frisur sprechen, wobei ich mir keine Modetipps anmaße. Aber die Frisur hat enormen Einfluss auf unsere Mimik.

Die neue Führungskraft aus unserem Beispiel, mit dem schulterlangen Haar, hat sich zu Hause im Spiegel betrachtet, und dort sieht sie sich immer nur frontal. Unerheblich, ob das Haar offen oder nach hinten gebunden ist, ihr Gesicht war für sie in jedem Fall voll sichtbar. Würde sie sich von der Seite sehen, vielleicht sogar mit nach vorn geneigtem Kopf, fällt unweigerlich das Haar nach vorn und verdeckt das Gesicht so, dass es von den Menschen, die seitlich sitzen, nicht mehr eingesehen werden kann. Und wer das Gesicht nicht zeigt, wirkt nicht offen, denn es fehlt der Blick auf die Signale der Mimik. Aber gerade durch die Gesichtszüge schätzen wir Menschen besonders gut ein. Zudem verspielt man die Möglichkeit, selbstbewusst zu wirken.

Damit man sich davon ein besseres Bild machen kann, stellen Sie sich einfach vor, die weibliche Führungskraft würde ihr Gesicht mit der Hand oder einem Blatt Papier ganz oder teilweise verdecken, der Effekt für die Menschen, die seitlich sitzen, wäre der gleiche. Deswegen ist es eine gute Idee, vor solchen Terminen die modischen Vorlieben mit funktionalen Faktoren abzugleichen. Das heißt, wählen Sie eine Frisur, mit der Sie von allen Seiten freie Sicht auf Ihr Gesicht und damit Ihre Mimik ermöglichen.

Ich empfehle, beim Thema Kleidung und Frisur immer drei Fragen zu beantworten:

1. Fühle ich mich selbst wohl mit meiner Aufmachung?
2. Passt sie zum jeweiligen Unternehmen und zum gegebenen Anlass? Denn Firma ist nicht gleich Firma. Ob Sie es mit einem Schmuckhersteller im Hochpreissegment oder einem Life-

style-Sportartikelhändler zu tun haben, macht einen Unterschied. Wichtiger ist aber der Anlass der Zusammenkunft. Handelt es sich um eine Vorstandssitzung, einen entspannten Gesellschaftsabend oder einen Projektstart, wo man den ganzen Tag mit den engsten Kollegen im Teammeeting sitzt?
3. Erziele ich für diesen Anlass die Wirkung, die ich erzielen will? Einsatzfreudig und dynamisch oder erhaben und elegant?

Wenn Sie alle drei Fragen für sich beantwortet haben, können Sie sichergehen, nicht in die Kleidungsfalle getappt zu sein.

Unsere Protagonistin hat sich zu viel mit Frage 1 beschäftigt. Unbewusst war ihr eine weibliche, elegante Wirkung wichtig. Allerdings ist die Wirkung von Weiblichkeit nicht immer das Nonplusultra. Figurbetont, hohe Schuhe, Schmuck, tolle Frisur und raffiniertes Make-up. Come on! Beschäftige dich mit Frage 2, vor allem aber mit Frage 3! Es geht darum, den Mitarbeitern ein Gefühl von *Ich weiß, wo's langgeht!* zu geben und nicht auf das Cover der *Vogue* zu kommen!

Bei großen Kongressen wurde ich schon anmoderiert und hatte den Eindruck, dass die Moderatorinnen mehr Zeit mit dem eigenen Erscheinen verbracht hatten als mit ihrer eigentlichen Aufgabe: dem Moderieren. Sobald das Selbstbild zu wichtig genommen wird, wirkt es selbstverliebt. Das gilt für Männer genauso! Und hat eine Folge für die Hierarchie: Mein gutes Aussehen ist mir wichtiger als der andere! So wie sich die Vorständin eines deutschen Autokonzerns bei ihrem großen Vorstellungsinterview in einem Wirtschaftsmagazin ablichten ließ. Bei geöffneter Fahrertür lasziv auf dem Sitz, aufwendig frisiert und geschminkt, ziemlich kurzer Rock, die Beine im Fußraum leicht überschlagen, in waghalsigen High Heels. Wenige Tage später hat ein Frauenmagazin gejubelt, wie toll gekleidet die

Dame doch sei. Und welchen Mut sie doch bewiesen habe, so kurz berockt mit diesen stylischen High Heels diesem riesigen Unternehmen vorzustehen.

Nun, meine Damen, seien Sie mir bitte nicht böse, das ist ein Eigentor. Zum Nachteil der Frauen. Denn hier wird die Wirkung weiblicher Schönheit mit der gewünschten Wirkung der Vorständin eines deutschen Industriekonzerns vermischt. Das Foto selbst mag künstlerisch und stilistisch wertvoll sein. Aber wie wird sich diese Wirkung entfalten, wenn diese Vorständin vielen Menschen kündigen muss? Das wird den Eindruck erwecken, dass »die da oben« sich mehr um ihre eigenen Vorteile kümmern und nicht schwer arbeiten müssen.

Das Haar

Das Haar als solches ist es wert, analysiert zu werden. Denn es ist eines der ältesten Unterscheidungsmerkmale zwischen Mann und Frau. Es befindet sich am höchsten Punkt des Körpers und damit im sichtbarsten Bereich. Wir sind die einzigen Primaten, deren Haupthaar bis zum Hintern wachsen kann. Oder haben Sie schon mal Orang-Utans mit Vokuhila gesehen? Eben! Frauen haben es seit jeher als Signal benutzt. Langes Haar ist besonders im Alter der ersten Partnerfindung ein weitverbreitetes Merkmal. Junge Frauen tragen es selten kurz. Als Unterscheidungsmerkmal ist es besser geeignet als subtile Signale wie die Hüfte oder die Gelenke.

In der Geschichte trugen auch Männer immer wieder langes Haar. Aber wohl eher der Umstände halber als aus modischen Gründen. Denn niemals haben die Frisuren derart kunstvolle Formen angenommen, wie das bei Frauen der Fall war und ist. Auch Perücken, die zum Beispiel im 18. Jahrhundert in den gehobenen Schichten üblich waren, dienten eher dazu, das oft fettige, ungepflegte Haar zu verdecken. Und selbst in dieser Perückenzeit gestalteten Frauen ihre künstliche Haarpracht aufwendiger und fantasievoller. Hochgesteckt, mit Schmuck besetzt, als müssten sie ihre Weiblichkeit noch deutlicher zeigen, jetzt, da die Männer auch zum Haarersatz griffen.

Frauen haben ihren Haaren schon immer mehr Aufmerksamkeit und Pflege geschenkt. Erst in späteren Jahren, wenn die Partnersuche in den Hintergrund rückt, schleichen sich praktikable Frisuren in den Vordergrund. Allerdings behandeln die wenigsten Frauen ihr Haar jemals so stiefmütterlich, wie viele Männer es tun, wie ein Blick in das morgendliche Straßenbahngetümmel oder so manchen Meetingraum beweist. Boris Johnson, ehemaliger britischer Premier, scheint da für einige Männer ein Role Model zu sein. Friseurpreise sind für Frauen deswegen auch deutlich teurer als für Männer – nicht, weil die Leistung unbedingt aufwendiger wäre, nein, man weiß einfach, dass es Frauen wichtig genug ist. Würden Friseurpreise von Frauen bei Männern aufgerufen, sähe es auf vielen Männerhäuptern noch nachlässiger aus.

Frauen werben mit ihrem glänzenden vollen Haar, was auf Vitalität und eine gute Gesundheit schließen lässt.[45] Zum ersten Date wird es aus diesem Grund meist offen getragen.

Das Haar zeigt den Beziehungsstatus

In vielen Kulturen ist zu beobachten, dass die Frau ihr Haar verhüllt, sobald sie vergeben ist. Verheiratete Bauersfrauen, Nonnen, sobald sie die Ehe mit Gott eingegangen sind, und muslimische Frauen. Die machen es bisweilen schon mit Eintritt der Geschlechtsreife. Ein Überbleibsel in unseren Breiten ist der Hochzeitsschleier. Ebenso im Trauerfall – ein Moment, wo die Betonung des Weiblichen fehl am Platz ist.

Das lässt sich bis ins Altertum zurückverfolgen. Offenes langes Haar galt immer schon als Zeichen von Weiblichkeit und Attraktivität. Schon im alten Rom wurde Heiraten mit Verhüllen gleichgesetzt. Molly Myerowitz Levine, eine Historikerin, erklärt, dass das lateinische Wort *nubere* für »heiraten« auch mit »sich verhüllen« übersetzt werden kann. Die Frau demonstriert der Umwelt damit: *Ich werbe nicht mehr um einen Partner.*[46] Diese Tradition hat sich bis heute fortgesetzt. Der Nikab, der Gesichtsschleier in der arabischen Kultur, ist ein stark diskutiertes Accessoire, das im Grunde denselben Zweck erfüllt. Aber wir sollten uns mit unserer Aufgeklärtheit dem Thema demütig annähern. Auch ohne religiösen Hintergrund gibt es Kopfbedeckungen wie die Retzer-, Linzer- oder Krainerhaube, die im russischen Kulturkreis *Tschepatz* genannt wird.[47] Diese traditionellen Kopfbedeckungen verstecken immer das lange Haupthaar der verheirateten Frau. In ihrer Form galt und gilt die weibliche Kopfbedeckung als ein regionales Zugehörigkeitssignal. Die Funktion aber ist bei allen Kopfbedeckungen der Frau gleich: Das Haar als Werbungsmerkmal musste weichen.

In der Nähe meiner U-Bahn-Station hängt ein großer Spiegel in einem Schaufenster. Manchmal beobachte ich die Menschen, die daran vorbeigehen. Nur wenige Frauen drehen nicht schlagartig den Kopf in Richtung Spiegel, wenn sie daran vorbei huschen. Der Spiegel ist nahezu immer ein Anlass, sich das Haar ein wenig zurechtzumachen.

Frauen spielen auch oft mit ihrem Haar. Die Strähne am Ohr wird gezwirbelt, die kecke, zufällig in die Stirn fallende Locke ist nur scheinbar lästig. Sie wird regelmäßig aus dem Gesicht gepustet. Beständiges Ziehen am langen Haar, um ausgefallene Haare herauszufiltern und zu Boden fallen zu lassen, ist zwar ein ziemlich unhygienisches Verhalten, aber es scheint den meisten Frauen überhaupt nicht bewusst zu sein.

Stellen wir uns dieses Verhalten bei einem Mann vor, merken wir sofort, wie ungewohnt es wirken würde. Der Drang, das Haar mehr zu pflegen, als es regelmäßig zu waschen, steht auf seiner Verhaltensliste nicht besonders weit oben. Und wenn er es besonders aufwendig macht, wird er von manchem als selbstverliebt wahrgenommen.

Apropos Haarlocke. Mit ihr zu spielen, sei ein Flirtsignal, liest man immer wieder. Ich schlage mir innerlich oft an die Stirn, wenn auf manchen YouTube-Kanälen (von Männern) das Spielen mit einer Haarlocke als Signal für *Bei der geht heute noch was!* eingeordnet wird. Hier ist wohl der Wunsch der Vater des Gedankens und soll am Ende viele Klicks einbringen. Das Kräuseln einer Locke darf nicht automatisch als Flirtsignal verstanden werden, nein, es ist eher eine Gewohnheit, die vom oftmaligen Beschäftigen mit den Haaren herrührt.

Make-up und Haare sind ein Unterscheidungsmerkmal, dem Frauen zunehmend mehr Aufmerksamkeit schenken. Aber Vorsicht: Wer im Business zu sehr auf eine wallende Haarpracht achtet und jeden Spiegel als Kontrollmöglichkeit für den perfekten Sitz der Frisur nutzt, hinterlässt wahrscheinlich keinen kompetenten Eindruck. Stellen Sie sich umgekehrt den Kollegen vor, der alle paar Augenblicke sein halblanges Haar nach hintern wirft und ständig mit seinen Haaren beschäftigt ist. Selbst wenn er inhaltlich besonders firm ist, würde das ein zwiespältiges Gefühl auslösen. Allzu deutliche Signale der Selbstverschönerung sind also nicht in jeder Lebenssituation vorteilhaft.

Dahinter liegt auch oft das Bedürfnis, sein Alter nach außen hin zu kaschieren.

Frauen machen sich älter – und jünger

Auf den ersten Blick klingt diese Überschrift verwirrend. Aber Sie werden gleich verstehen, was es damit auf sich hat. Mit Beginn der Pubertät haben viele junge Frauen das Bedürfnis, schon besonders erwachsen auszusehen. Der BH wird ausgestopft, Make-up meist zu stark aufgetragen, zum ersten Mal werden hohe Schuhe angezogen, und die Bewegungen sollen jeglichen Anschein von Kindlichkeit vermeiden. Das ist genau der Moment, wo Väter beginnen mit dem Kopf gegen die Wand zu schlagen und Fingernägel zu kauen. Schließlich weiß er aus eigener Erfahrung um den Trieb junger Männer, und das Ergebnis hätte seine Tochter zu tragen.

Dabei ist es das Alter, in dem es darum geht, die Aufmerksamkeit und das Gebalze der Männer auf sich zu lenken. Die erste Vermehrung von Menschen fand immer (!) ab der Pubertät statt. Erst seit der Erfindung ausreichend sicherer Empfängnisverhütung verschiebt sich das weiter nach hinten. Um einen Mann für sich zu interessieren, muss die junge Dame signalisieren, dass sie reif ist. Sie macht sich also älter, als sie tatsächlich ist.

Zwei Jahrzehnte später beginnt sich das Ganze ins Gegenteil zu verkehren. Wenn erste graue Haare sprießen, sich kleine Fältchen rund um Mund und Augen bilden, die Brüste nicht mehr ganz so straff sind, nimmt der Aufwand für die künstliche Verjüngung massiv zu. Nur wenige Frauen können sich diesem Wettkampf entziehen. Früher war es das Bad in Eselsmilch, allerlei Naturkosmetik versetzt mit Farbpigmenten, die die Haut erstrahlen ließen. Und heute? Von Kaviar bis Goldflittersalbe im Tiegel – alles dabei. Nicht alle lassen gleich operative Eingriffe vornehmen, und doch bestätigt die ästhetische Chirurgie mittlerweile 30 als das Alter, wo Frauen gehäuft zu Kundinnen werden.

Ein Damoklesschwert hängt über der Frau – sie wird in absehbarer Zeit keine fruchtbaren Eizellen mehr haben. Und damit ist sie – aus ihrer Sicht – kein Werbeobjekt mehr. Vielleicht macht es Sinn, den Frauen zu versichern, dass durch die Wechseljahre nichts an der Begierde des Mannes eingebüßt wird. Aber auch gar nichts! Auch das erwähne ich, weil einige Frauen doch sehr auffällig in die Welt hinausrufen: »Ich pfeif aufs Haarefärben. Das tu ich mir nicht mehr an! Und hohe Hacken? Bin ich blöd, mir das von der Gesellschaft aufzwingen zu lassen?« Die Vermutung liegt nahe, dass es weniger um gesellschaftlichen Druck geht als um den eigenen, den sie sich auferlegt. Es dürfte wohl eher ein Ausdruck der Erleichterung sein, in diesem Attraktivitätswettbewerb nicht mehr mitmischen zu müssen.

Dekolleté

Einen Knopf weiter offen fand unsere Protagonistin gut, als sie sich für ihren ersten Auftritt als Chefin vorbereitete. Haut zu zeigen, ist ein Weiblichkeitssignal.

Im Sommer zeigen Frauen davon mehr als Männer. Zumindest in Regionen, wo sie aus religiösen Gründen nicht daran gehindert werden. Schulterfreie Oberteile, kurzes Beinkleid, alles in hauchdünnem Stoff, und Schuhe, die aus nicht viel mehr als wenigen Riemchen mit Sohle bestehen. Während Männer in Hemd, langer Hose und geschlossenen Schuhen durch die Straßen gehen. Und wenn Sandalen, dann besockt. Die unterschiedliche Wärmeregulierung dürfte mit ein Grund dafür sein. Im Winter schnell frieren, während im Sommer die Kleidung nicht luftig genug sein kann. Östrogen, Progesteron, unterschiedliche Beschaffenheit der Haut und weniger Muskelmasse dürften eine Rolle spielen.[48] Das allein ist oft schon ein Geschlechtsmarker, schließlich sieht man wenige Männer im Sommer mit Spaghettiträger-Oberteilen oder schulterfreien Smokings bei Abendempfängen.

Ein besonderer Fokus liegt auf dem weiblichen Dekolleté. Männern wurden Fotoausschnitte von weiblichen Körperteilen gezeigt. Sie konnten mehrheitlich nicht unterscheiden, ob es sich um den Brustansatz, den Poansatz, die Ellbogen- oder die Kniefalte handelte. Sie tippten meist auf das, was ihnen die größte Freude bereitete – den Brustansatz. Meine Damen, ich sehe Sie schmunzeln über die schlichten Männergemüter. Aber richten Sie sich in diesem Gefühl nicht zu bequem ein, denn Ihre Geschlechtsgenossinnen schnitten bei der Betrachtung der Fotos ähnlich ab. Allerdings löst der Anblick des Busenansatzes im Hormonhaushalt der Frau wenig Hosianna aus, während im Gehirn von so manchem Herrn ein 50-köpfiger Chor Freudenchoräle zu plärren beginnt.

Will sich eine Frau als Frau zu erkennen geben, spielt das Dekolleté eine deutliche Rolle. T-Shirts und Pullover für Frauen haben meist weitere Halsausschnitte als die für Männer. Dirndln, Abendkleider und Blusen sind oft so geformt, dass der Ansatz der Brüste sichtbar bleibt. Selbst wenn das Dekolleté geschlossen bleibt, ist es farblich abgesetzt. Und wenn alles nichts nützt, wird eine Halskette – eine besonders lange – umgelegt, sodass der Blick in jedem Fall dorthin gelenkt wird. Und falls im Dekolleté zu wenig vorhanden ist, wird zugekauft. Push-ups sind die erste Wahl. Alles, um den Unterschied zwischen Mann und Frau zu betonen. Wer will schon riskieren, dass sich jemand irren könnte.

Die Brüste

Die Brüste sind eigentlich zum Stillen da. Wobei es verwunderlich ist, dass sie nach dem Abstillen nicht abschwellen wie bei anderen Säugetieren. Die Wissenschaft tut sich schwer mit einer Erklärung. Desmond Morris, Anthropologe, meinte, dass die Brust die Funktion des weiblichen Geschlechtsteils übernommen hat. Es ist einfacher zu verstehen, wenn man sich die Bonobo-Weibchen, unsere allernächsten Verwandten, ansieht. Die gehen auf allen vieren und strecken auf diese Art ihr Geschlechtsteil demonstrativ den Männchen entgegen. Und die wissen, was dann zu tun ist. Mit dem aufrechten Gang ist die menschliche Vulva als Geschlechtsmarker zwischen die Beine, also in den unsichtbaren Bereich verschwunden. Diese Rolle sollen, laut Morris, nun die Brüste übernommen haben. Hoch oben am Körper, deutlich sichtbar, sollen sie ein Geschlechtssignal sein. Deshalb wachsen sie mit Eintritt der Geschlechtsreife und bleiben ein Leben lang erhalten. Etwas weit hergeholt, aber zumindest eine denkbare Erklärung, auch wenn sie von manchen Wissenschaftlerinnen als Machodenke abgetan wird – was wiederum kein valides wissenschaftliches Argument ist. Eine andere Theorie besagt, dass große Brüste bei Frauen ein Hindernis darstellen. Beim Laufen, Kriechen, Klettern sind sie unpraktisch, zumal vor 100 000 Jahren Sport-BHs schwer zu kriegen waren. Die Idee dahinter besagt nun, dass Frauen damit signalisierten: *Schaut her, ich bin so fit, dass ich mir diese zwei großen Brüste energetisch leisten kann. Ich bin also eine gute Mutter für unsere gemeinsamen Nachkommen.* Man spricht von der Handicap-Theorie, ein Hindernis entpuppt sich bei genauerem Hinsehen als Vorteil in der Partnerwahl. In die ähnliche Kerbe schlägt die Kamel-Hypothese, wonach die Brüste ein Energiespeicher für karge Zeiten seien und damit ein *Versprechen* an die werbenden Männchen, die gemeinsamen Nachkommen auch in schwierigen Zeiten durchzubringen. Es stellt sich jedoch die Frage, warum sich Frauen mit kleinen Brüsten evolutionär durchsetzen konnten. Es könnte auch sein, dass die Brust der Kopfform des Menschenbabys Rechnung trägt. Schließlich haben wir keine Schnauzen, die schnabelartig ausgebuchtet sind, wie unsere Primatenverwandten, was für die Nachkommen das Saugen erleichtern würde. Dieses Ziel hätte allerdings auch einfach durch längere Brustwarzen erreicht werden können. Und schließlich besagt eine Theorie, dass die Brüste zufällig entstanden seien. Aber reizvoll genug waren, um jenen Frauen, die sie nicht zurückgebildet hatten wie die Primatenverwandten, höhere Chancen in der Partnerfindung zu bieten.

Alle Theorien haben etwas für sich, weisen aber auch Schwächen auf. Die letzte Theorie ist auf alle Fälle richtig, weil diese Genmutation offensichtlich häufig genug reproduziert worden ist, sodass heute ab der Pubertät jede Frau angeschwollene Brüste hat und diese auch behält. Außerdem bietet der visuelle Reiz in jedem Fall Vorteile bei der Partnerfindung. Und beide Geschlechter nützen das. Frauen präsentieren ihre Brüste, was die Aufmerksamkeit der Männer weckt.

Ab der Pubertät beginnt deswegen manche junge Frau den BH auszustopfen, und gepolsterte Körbchen sind auch im Erwachsenenleben üblich. Die Redewendung »Holz vor der Hütte« kommt tatsächlich daher, dass sich Frauen früher Holzstückchen unter die Brust stopften, um diese zu stützen und nach mehr aussehen zu lassen. Und falls noch immer zu wenig Material vorhanden ist, ist der nächste Schönheitschirurg ja nicht weit.

Wollen sich Frauen besonders lasziv geben, beugen sie ihre Wirbelsäule in der Art, dass sie ein starkes Hohlkreuz formen und den Brustbereich nach vorn schieben. Trägt die Frau dazu einen Push-up-BH, ein tiefes Dekolleté, eine Halskette, deren Anhänger direkt bis zum Brustansatz oder darüber hinaus reicht, gibt es definitiv kein Missverständnis über das Geschlecht.

Die Weiblichkeit nachfärben

Frauen schminken sich. Männer tun das nur in Ausnahmefällen. Nun könnte man sagen, warten wir's ab! Bald werden sich nicht nur ein paar wenige Großstadtmänner schminken, sondern auch der Arbeiter am Fließband und der Bauer beim Pflügen werden mit Rouge und Wimperntusche ihrer Arbeit nachgehen. Ich würde nicht darauf wetten! Manchmal höre ich, dass sich die Männer in Südkorea schminken und die Nägel lackieren. Diese Aussage kommt meist von jenen Menschen, die sich ihr Weltbild von ein paar Instagram-Fotos der K-Pop-Bands gezimmert haben. Zum Massenphänomen hat es sich auch in Korea nicht entwickelt. Aber nicht, dass sie glauben, ich hätte etwas gegen geschminkte Männer. Ganz und gar nicht! Ich möchte nur erklären, wo der Ursprung des Schminkens liegt. Nämlich in der unterschiedlichen Gesichtsbeschaffenheit von Frau und Mann. Frauenhaut ist dünner, wodurch die Hautkonturen besser sichtbar sind. Deshalb sieht man es bei Frauen meist auch deutlicher als bei Männern, wenn sie rot anlaufen. Männerhaut wiederum ist durch die dickere Beschaffenheit gleichmäßiger und fahler. Wo also ohnehin schon etwas mehr Farbe bei den Frauen ist, wird das mit Rouge und Contouring auch noch betont. Wange, Kinn und vielleicht noch an der Stirn. Auch die Augen werden geschminkt, immer mit dem Ziel, sie größer erscheinen zu lassen. Auch das ist ein körperlicher Unterschied zum Männergesicht, das sich in der Pubertät stärker verändert. Unterkieferknochen, Wangenknochen und der Überaugenwulst wachsen mit dem Testosteronschub während der Pubertät an. Die Augen jedoch wachsen nicht mit. Sie sind im Verhältnis kleiner als im Frauengesicht, das sich nicht besonders stark verändert, sondern mehr die weichen Formen des Kindergesichts beibehält, da die genannten Knochen nicht so stark mitwachsen. Die Augen im Frauengesicht nehmen dadurch mehr Raum ein, der mit Lidschatten, Mascara und Lidstrich noch betont wird. Natürlich darf der Lippenstift nicht fehlen, der die stärker durchbluteten Lippen unterstreicht.

Das alles ist keine Erfindung unserer Zeit. Die älteste bekannte Lippensalbe stammt etwa aus dem Jahr 3500 vor Christus und wurde bei Ausgrabungen in der sumerischen Stadt Ur entdeckt.

In der Menschheitsgeschichte gibt es einen ständigen Kampf zwischen der Betonung der Weiblichkeit und der Unterdrückung weiblicher Signale. Zu manchen Zeiten galt jegliches Make-up als gottlos und ketzerisch. Dann wieder war das Ausmalen der Lippen in Mode. Die Vermutung liegt nahe, dass der Reiz, sich mit Gesichtsfarben zu verschönern, schon lange präsent sein dürfte. Und es wurde höchstens vom Patriarchat zeitweise unterbunden. Schließlich will man sich ja gern an anderen Frauen erfreuen, nur die eigene, die soll bitte schön eine graue Maus bleiben und nicht als Objekt der Begierde für andere herhalten. Desmond Morris stellte eine weitere Hypothese auf, dass die Gesichtslippen eine Mimikry, eine Nachahmung, der Schamlippen seien. Bei unseren nahen Verwandten, den Bonobos, präsentieren die Weibchen ihre angeschwollenen Schamlippen besonders auffällig, um Männchen anzulocken. Weil dieses Geschlechtsmerkmal beim Menschen, wie erwähnt, mit dem Aufrichten in den Zweifußstand verschwunden ist, würde dieses Signal fehlen. Deshalb malten sich Frauen dieses Signal im Gesicht nach, so Morris. Mit rotem Lippenstift und Lipgloss darüber. Rote, feuchte Lippen. Nur eben im Gesicht. Ob diese Theorie richtig ist oder nicht, soll nicht Thema des Buches sein. Ich erwähne sie aber, weil es interessant zu beobachten ist, wie viele Frauen sich ihre Lippen knallrot anmalen und manche sogar mit Hyaluronsäure künstlich aufspritzen, um sie gut durchblutet und angeschwollen aussehen zu lassen.

Hohe Hacken

Wir erinnern uns: Frauen sind im Schnitt kleiner als Männer. Was an natürlicher Größe nicht vorhanden ist, schnallt sich so manche Frau an die Füße. Das bringt einen Zugewinn an Höhe, aber möglichst nicht mehr, als der Mann groß ist. Hohe Absätze erzeugen Größe und machen sichtbarer. Das erweist sich in der Partnerfindung als vorteilhaft. Nicht nur, weil man von Männern eher wahrgenommen wird, auch, weil man die Mitbewerberinnen überragt. Hohe Schuhe können also ein Signal sein, andere Damen mit Eleganz auszustechen.

Viele Frauen finden ihre Geschlechtsgenossinnen mit hohen Absätzen zwar attraktiv – Models, Hollywoodstars oder Firmenchefinnen. Aber bitte keine, die einem nahe ist. Kommt die Arbeitskollegin oft mit Stilettos ins Büro, während alle anderen Frauen in Sneaker oder Ballerinas auflaufen, hat sie bald den Ruf weg, nach Aufmerksamkeit zu heischen. Eine Studie belegt genau das.[49] Einerseits vergrößern hohe Absätze den sexuellen Reiz, weil dadurch der Hüftschwung verstärkt und die Beine verlängert werden. Aber andererseits erhöhen sie die sexuelle Bedrohung im Sinne der Konkurrenz gegenüber anderen Frauen.

Ein Fragezeichen in die Haltung bringen

Das Anheben der Fersen hat zur Folge, dass der aufgerichtete Körper nach vorn fallen würde. Ähnlich einem Wolkenkratzer, dem man nur unter eine Seite des Fundaments einen Keil schiebt und der folglich umkippen würde. Die klassische High-Heels-Trägerin allerdings – nicht blöd – gleicht diese Dysbalance aus, indem sie mit einem Knick in der Hüfte ein Hohlkreuz macht. So steht der Oberkörper wieder gerade da. Oft nimmt man den

Knick gar nicht wahr, sondern sagt nur: »Hohe Absätze machen bei Frauen eine schöne Figur.«

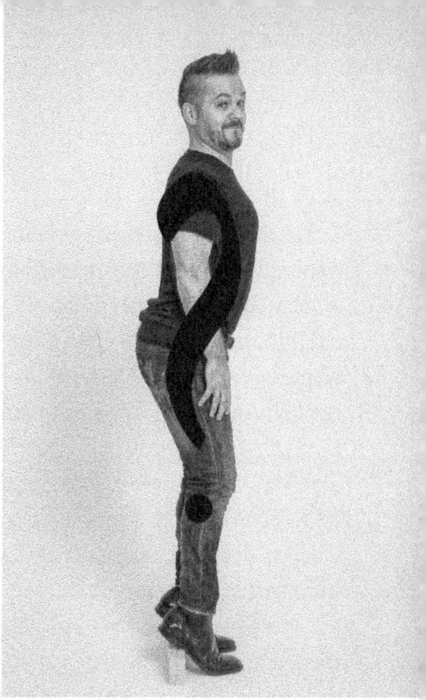

Die Hüfte wird aus der Falllinie ein wenig nach hinten gekippt, was das Gesäß betont. Das Hohlkreuz wiederum hat zur Folge, dass der Brustkorb einen Bogen nach vorn macht, was die Brust betont. Bogen am Po, Bogen an der Brust – die Linie also wie ein angedeutetes Fragezeichen. Kurz gesagt: Mit hohen Absätzen werden Gesäß und Brüste betont.

Nun kann man nachvollziehen, warum viele Menschen hohe Absätze bei Frauen attraktiv finden. Es geht weniger um die High Heels als vielmehr um die Veränderung der Körperhaltung, die sie mit sich bringen. Es wird also die ohnehin geschwungenere Linie des weiblichen Körpers noch mal betont. *Hallo, ich bin eine Frau und möchte als solche wahrgenommen werden!*

Das mag auch der Grund sein, warum sich hohe Absätze bei Männern wahrscheinlich niemals durchsetzen werden. Ein paar wenige Zentimeter am Heck war zu Zeiten Ludwigs XIV. oder in den 1970er-Jahren mal en vogue, aber nachhaltig war es nicht, denn Hüfte und Brust sind beim Mann keine Unterscheidungsmerkmale zum weiblichen Geschlecht. Männer greifen, wie schon erwähnt, eher auf Schulterpolster und Brustverbreitungssignale zurück. Wenn Männer Stilettos tragen, zeigen sie nach außen, ich will weiblich wahrgenommen werden. Das wiederum zieht nur die Menschen an, die sich von einem Mann, der als Frau wahrgenommen werden will, angezogen fühlen. Weil auch das ein *Versprechen* ist.

Schlussendlich machen hohe Absätze unbeweglich. Es ist zu beobachten, dass Menschen, die auf besonders hohen Hacken gehen, ihr Tempo verlangsamen. Niemand will mit Louboutins rennen, hetzen oder eine Treppe hinuntersprinten. Das schickt sich einfach nicht. Der elegante Gang auf hohen Absätzen erinnert ein wenig an das elegante Schreiten eines Flamingos. Dazu kommt, dass Frauen bei besonderen Anlässen Kleider tragen, die ihre Figur betonen und ihre Beweglichkeit deutlich einschränken. Bodenlanger Stoff oder besonders enger Schnitt, fein am Körper drapiert, sodass jede falsche Bewegung ungewollte Einblicke ermöglichen würde. Damit reduzieren sich Bewegungen auf ein Stolzieren. Da sind wir bei einem Balzsignal angekommen. Denn der Sinn der hohen Absätze ist, das Schreiten zu betonen. Und Männer reagieren darauf. Autotüren werden aufgehalten, der Dame wird in den Mantel geholfen, und der Stuhl im Restaurant wird zurückgeschoben. Und je eleganter sich eine Frau kleidet, desto eher handeln Männer entsprechend – beim Wiener Opernball oder beim feinen Dinieren. Bei derartigen Anlässen begibt sich der überwiegende Teil von Männern und Frauen in Rollen, die sie im Alltag nicht einnehmen würden. Der unterstützende Mann, die hilflose, schutzbedürftige Frau. Das ist Teil des Balzrituals.

Um nicht in die Fashion-Falle zu tappen und damit zwar attraktiv zu sein, aber gleichzeitig etwas anderes zu *versprechen*, als in der aktuellen Situation zielführend wäre, empfehle ich auch bei der Schuhwahl, die drei Outfit-Fragen zu stellen.

Hohe Absätze sind unter mehreren Gesichtspunkten ein deutlicher Hinweis auf die Geschlechtszugehörigkeit. Die Körperhaltung wird verändert, die Beweglichkeit auf Eleganz reduziert. Das ist ein Marker, den Männer (und Frauen) in den ersten Augenblicken wahrnehmen. Wichtig: keine Gummistiefel beim ersten Date!

Zwölf Zentimeter – das Maß der Dinge

Hohe Hacken haben einen Einfluss auf den Gang – der Hüftschwung wird betont. Da haben wir wieder einen kleinen Unterschied im Körperbau, die breitere Hüfte. Sie wird durch die Körpersprache des Hüftschwunges in den Fokus gerückt. Ein breites Becken signalisiert, dass es sich um eine Frau handelt. Wobei das gerne verwendete Synonym »gebärfreudiges Becken« nicht korrekt ist. Auch Frauen mit schmalem Becken können gut Kinder gebären. Wenn dem nicht so wäre, hätte die Evolution die Frauen mit schmalem Becken an der Reproduktion gehindert und aussortiert.

Viel wichtiger ist, dass sich das Becken erst ab der Pubertät vom männlichen Becken zu unterscheiden beginnt. Somit ist es ein Marker für Geschlechtsreife. Der Mann erkennt am breiten Becken, dass diese Frau schon für die Reproduktion bereit ist.

Mit einem einfachen Trick verstärken Frauen dieses Unterscheidungsmerkmal: Sie gehen enger! Eine Untersuchung ergab, dass sie etwa zwölf Zentimeter Abstand zwischen den Füßen halten, wenn sie gehen. Werden die Füße enger geführt, wird das zunehmend erotischer eingeschätzt.[50] Models auf dem Laufsteg gehen so eng, dass beide Füße auf einer Linie auftreffen, manchmal wird auch diese Linie überschritten, sodass sich die Füße sogar ein wenig überkreuzen. Die Folge ist ein stärkeres Schwingen des Beckens.

Kommt die Frau zum Stehen, stellt sie öfter das Becken auf eine Seite aus. Wird dann noch eine Hand auf der Hüfte abgestützt, enden die Blickachsen auf diesem Körperteil. Damit wird der Beckenunterschied noch mal deutlicher ins Blickfeld gerückt.

Aus dem gleichen Grund stehen Frauen öfter mit überkreuzten Beinen da. Auf den ersten Blick scheint das eine Schutzhaltung zu sein. Bei genauerer Betrachtung betont die Frau damit wieder ihre Weiblichkeit. Durch diese Haltung zeichnet sich die Silhouette an den Fußfesseln besonders eng und wird zum Becken hin wieder breiter. Würde umgekehrt eine Frau breitbeinig dastehen, würde sie den Unterschied in der Beckenbreite kleiner erscheinen lassen.

Auch beim Sitzen mit überschlagenen Beinen dreht sie die Hüftseite des oben liegenden Beins so weit nach außen, dass die Rundung zur Geltung kommt. Hinzu kommt hüftbetonte Kleidung, manchmal sogar Schmuck in Form von Gürteln genau auf Höhe der Hüfte oder Tattoos (»Arschgeweih«).

Das wirkt also manchmal ein wenig paradox. Sorgt sich doch die eine oder andere, dass ihr Hintern zu groß sein könnte. Sobald sich eine Frau aber weiblich, vielleicht sogar sexy geben will, betont sie ihn mit ihrer Körperhaltung.

Dieser Schwung in der Haltung macht außerdem eine effektive Kraftübertragung unmöglich. Auf subtile Art wird damit auch eine gewisse Harmlosigkeit ausgedrückt: *Ich spring dir jetzt nicht gleich ins Gesicht.*

Lange Beine

Noch ein Aspekt zu den hohen Absätzen bei Frauenschuhen. Sie verlängern optisch das Bein und lassen es schlanker erscheinen. Lange Beine bei Frauen sind ein Attraktivitätsmarker. Die Theorien, warum viele Menschen darauf stehen, gehen auseinander. Zum einen dürfte es mit der Fähigkeit, schnell laufen zu können, verbunden sein. Das war wohl in der Frühzeit des Menschen ein

Auswahlkriterium. Möglicherweise eher zutreffend ist jedoch die Theorie, dass es ein Signal der Geschlechtsreife ist. Das Längenwachstum der Beine ereignet sich besonders während der Pubertät. Erkennbar am Missverhältnis von Ober- und Unterkörper bei manchen pubertierenden Mädchen. Bisweilen wirken die Beine da unverhältnismäßig lang, weil der Oberkörper mit dem Längenwachstum noch hinterherhinkt. Lange Beine haben dem paarungswilligen Mann gezeigt: Dieses Weibchen ist schon reif.

Am Handgelenk erkennst du Weiblichkeit

An völlig unverfänglichen Stellen senden Frauen starke Weiblichkeits*versprechen* aus. Beispielsweise übers Handgelenk. Sie bewegen es häufiger auf und ab, auch mit einem deutlich größeren Radius. Hängt die Handtasche im Ellbogen, wird der Unterarm hochgehalten und das Handgelenk auf-, manchmal auch zugeklappt. Ist etwas »egal«, kommt es ebenfalls zum Einsatz, indem es schnell nach unten geklappt wird. Dabei wird der Ellbogen am Rumpf gehalten, der Unterarm steht senkrecht nach oben, und mit einer schnellen Bewegung wird das Handgelenk nach vorn geklappt: »Was soll's!«

Und wenn's mal hitzig wird, fächelt Frau sich mit Flatterbewegungen aus dem Handgelenk ein wenig Luft zu. Lassen Sie uns nicht in der Art schwarz-weiß malen, dass Frauen das *immer* und Männer *nie* machen würden. Das stimmt so nicht. Allerdings sieht man diese Signale bei Männern seltener. Das Handgelenk mit seinen Auswirkungen ist ein so starkes Signal der Weiblichkeit, dass sexistische Witze zulasten von homosexuellen Männern oftmals genau damit unterstrichen werden. Oben beschriebene Unterschiede in der Anatomie dürften zumindest

teilweise dafür verantwortlich sein. Doch Achtung, die sexuelle Orientierung lässt sich nicht an der Körperhaltung ablesen. Männer zeigen diese Signale ebenso, wenn auch selten in der Intensität und Konsistenz von Frauen.

Ein Signal an unverfänglicher Stelle

Eine weitere weibliche Besonderheit betrifft den Ellbogen. Frauen halten ihn enger am Rumpf als Männer, die gern einen Abstand von wenigen Zentimetern lassen.

Dahinter steht aber kein psychologischer Grund, sondern ein Unterschied im Körperbau. Wenn Sie Ihren Unterarm waagrecht ausstrecken, dabei die Handflächen nach oben drehen, können Sie überprüfen, wie weit Sie Ihren Ellbogen öffnen können. Mehr Frauen (und Kinder) als Männer können ihn überstrecken, sodass der Unterarm ein klein wenig über die Gerade hinaus Richtung Boden geneigt ist. Dieser Überstreckwinkel nennt sich Kubitalwinkel.[51] Er hat eine starke Auswirkung auf den Bewegungsablauf. Lässt man die Arme schwingen, können Menschen mit größerem Überstreckwinkel naturgemäß den Unterarm weiter nach hinten pendeln lassen. Mit dieser Bewegung geht eine Drehbewegung im Unterarm einher, sodass die Hand-

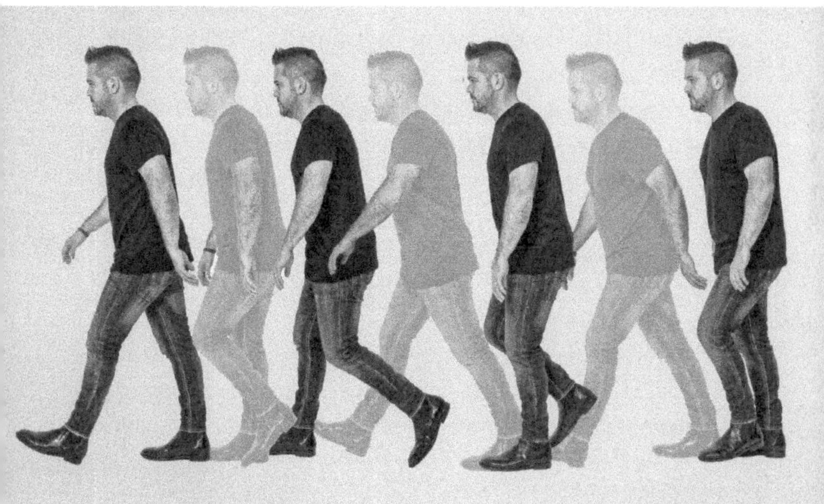

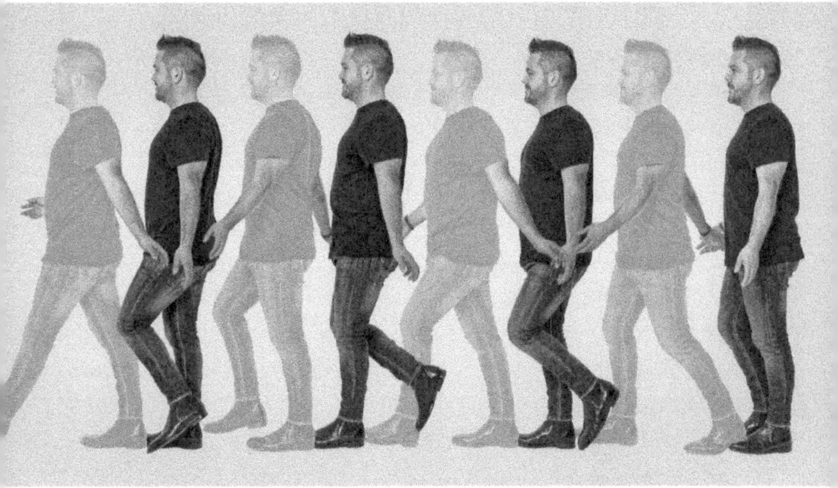

flächen am hintersten Punkt des Schwungs nach vorn zeigen. Dadurch wirken Frauen weniger breit und raumgreifend.

Nachdem wir immer zuerst die Umrisse eines Menschen wahrnehmen, ist das gleichzeitig ein früher Marker, wonach wir Geschlechter unbewusst zuordnen.

Die Ellbogen eng am Rumpf und fächelnde Handgelenke können beschwingter, leichtfüßiger, aber kaum durchsetzungsfähig wirken.

Die Frauenfaust

»Es reicht mir mit der Hausarbeit. Ab sofort räumt ihr den Geschirrspüler aus!« Leider, leider haut die Dame des Hauses dazu mit einer Frauenfaust auf den Tisch und hebt sie anschließend drohend empor. Wobei ihre Faust eher so aussieht, als würde sie einen Eislutscher halten. Wenn der Mann jetzt die Männerfaust

auf die Tischplatte knallt und »Nein, ich hab zu tun!« brüllt, ist allen Beteiligten klar, wer die Gläser in die Schränke räumt.

Wenn Frauen so richtig auf den Tisch hauen, wirkt das selten so kraftvoll, wie wenn das Männer tun. Formen manche Frauen eine Faust, rollen sie die vier Finger nicht komplett in den Handballen ein, sondern drücken die umgeklappten Finger nur an den Handballen.

Gleichzeitig wird der Daumen über die kleine Öffnung gelegt, die durch den angelegten Zeigefinger entsteht. Und jetzt kommt's: Das Handgelenk wird ein wenig nach hinten geklappt. Bekannteste Vertreterin dieser Faust: Angela Merkel. Torjubel WM 2006. Rotes Jackett, weiße Hose, Krankenkassenbrille. Und diese Fäuste. Googeln Sie! Mit dieser Faust ist kein Kampf zu gewinnen. Die Finger bekommen zu wenig Halt, weil der Handballen auf diese Weise zu wenig Unterstützung bietet. Der Daumen, der der Faust eigentlich Kraft verleihen müsste, würde bei einem Schlag keine Stabilität geben, im Gegenteil, er würde vielleicht noch brechen. Und das Wichtigste: Das nach hinten abgeknickte Handgelenk kann die Kraft vom Arm nicht effektiv übertragen. Der Beobachter nimmt das alles nicht bewusst wahr. Aber an dieser Faustform erkennt man – eben unbewusst –, dass es sich um keine wirklich aggressive, angriffslustige Gestik handelt, keine Denen-haben-wir-es-aber-gezeigt-Attitüde. Wir haben es eher mit einem Signal der gegenseitigen Bestärkung zu tun. Ein sehr subtiles Signal der Weiblichkeit.

Das erklärt auch, warum ein Körpersprachesignal niemals eine fest determinierte Bedeutung hat. Eine Faust ist nicht per se ein aggressives Signal. Wenn die Extremitäten sehr eng gehalten werden, das Handgelenk geknickt wird, kann diese Geste sogar ein Signal der Verbindung sein. Vor allem wenn es sich Frauen gegenseitig zeigen und euphorisch »Zalaaaaaandooo« kreischen. Und damit bleibt ihr der Geschirrspüler.

Sanfte Bewegungen

Feminine Bewegungen sind sanfter. Die Frau in der Möbelwerbung, die mit ihren Fingerspitzen zärtlich übers Sofa streicht. Die Frau in der Lebensmittelwerbung, deren Fingerspitzen hauchzart die Erdbeeren berühren. Natürlich liegt es auch daran, dass Frauen weniger physische Kraft haben. Aber wichtiger ist, dass die Haut von Frauen dünner ist. Die Rezeptoren liegen knapp unter der Hautoberfläche, was zu einer Gefühlsreaktion bei sanften Berührungen führt. Frauen nützen das, um angenehme Gefühle zu verstärken. Fühlt sich eine Frau wohl – das kann bei einem angenehmen Gespräch sein, bei berührenden Filmszenen oder bei schönen Gedanken –, wäre es gut möglich, dass sie sich sanft an der Drosselgrube, einer besonders gut innervierten Stelle, streichelt. Das ist die kleine Knochengrube unterhalb des Kehlkopfs, wo das rechte und linke Schlüsselbein zusammenkommen. Allein an dieser sanften Streichbewegung kann Weiblichkeit schon definiert werden.

Weichere Körperhaltung

Wir haben schon festgestellt, dass Frauen im Durchschnitt gelenkiger sind als Männer. Schwächeres Bindegewebe, weniger Muskelmasse, schwächere Bänderführung, unterschiedliche knöcherne Gelenkstrukturen haben eine weichere, geschwungenere Haltung zur Folge. Dieser Unterschied ist nicht so groß, wie wir im Alltag zu sehen glauben. Denn Frauen unterstreichen das meist unbewusst. Während auf dem Firmengruppenfoto die meisten Männer frontal und aufrecht vor der Kamera stehen, achten Frauen darauf, ein Bein auszustellen und etwas seitlich zur Kamera zu stehen. »Da wirkt man schlanker!«, lautet der oberflächliche Grund. Dahinter steht aber auch ein Weiblichkeitsprinzip. Die neuen Kleider werden vor dem Spiegel mit

Drehbewegungen und Hüftschwung anprobiert. Stellen Sie sich jetzt mal vor, Sie überraschen Ihren Mann, wie er die neuen Boxershorts mit genau diesen Bewegungen vor dem Spiegel anprobiert. (Was Sie nun dringend brauchen, ist ein offenes Gespräch und seelische Kraft.)

Frauen neigen dazu noch häufiger den Kopf, was den zusätzlichen Effekt hat, dass es weniger dominant wirkt, weil es eine Form der Verkleinerung ist. Beobachten Sie mal, wenn Frauen eine Kritik anbringen – sie neigen dabei gern den Kopf und stellen sich weniger frontal auf. Eine subtile Technik, um einen Konflikt zu vermeiden. Allerdings wirkt damit auch jede Aufforderung wenig nachdrücklich. Das führt zu Missverständnissen und manchmal zu Botschaften, die anders ankommen als intendiert.

»Mein Nein wird nicht ernst genommen!«

Zwei Freundinnen verbringen an einer Bar einen schönen Abend. Zu späterer Stunde versucht sich der örtliche Reservecasanova, schon ziemlich angeschickert, den Damen zu nähern. Vielleicht geht ja was? Doch die beiden haben so viel Interesse an ihm wie am sprichwörtlichen chinesischen Reissack. Und sie teilen ihm das auf Frauenart mit. Also, sehr charmant. Über die Schulter, mit seitlich gelegtem Kopf und einem freundlichen Lächeln sagen sie: »Tut uns leid, aber im Moment haben wir kein Interesse.« Jede Frau hätte diese Botschaft verstanden. Aber unser Casanova hat nur gehört, was er hören will: »... im Moment.« Das ist für ihn überhaupt kein Argument aufzugeben. Nun mag man sich über den Mann aufregen und wird von den Freundinnen viel Zustimmung erhalten. Aber bei nächster Gelegenheit wird wieder Ähnliches passieren. Denn die Worte waren das eine. Aber die Körpersprache hat den Worten ihre Bedeutung gegeben. Und die war ziemlich nachgiebig.

Das Gleiche erleben viele Frauen in Unternehmen. Letztes Meeting vor Weihnachten: »Wer übernimmt den Dienst an Heiligabend?«, fragt der Chef in die Runde. Finstere Gesichter, starrer Blick in Richtung Chef. »Ich! Sicher! Nicht!«, sagen die Kollegen unisono. Nur Karin neigt den Kopf zu Seite, windet sich ein wenig, spricht über die Schulter: »Also eigentlich wollte ich ...« Prompt antwortet der Chef: »Okay, Karin, du übernimmst den Dienst.«

Wer ernst genommen werden will, dessen Körpersprache muss mit seinen Worten korrelieren. Worte transportieren den Inhalt, aber wie die Worte gemeint sind, entschlüsselt die angesprochene Person immer an den nonverbalen Signalen. Wer mit Worten eine Ablehnung ausspricht, seinen Körper dabei aber windet, weil er eigentlich niemanden vor den Kopf stoßen will, wird sein Ziel nicht erreichen. Dadurch entsteht beim Gegenüber der Eindruck: *Allzu ernst ist das wohl alles nicht gemeint.*

Die NN-Regel

Um Klarheit zu signalisieren, ist eine eindeutige Körpersprache unabdingbar. Der Betroffene muss direkt angesprochen werden. Dazu wenden Sie ihm das erste N, die Nase, zu. Wollen Sie die Botschaft noch klarer vermitteln, wenden Sie ihm auch das zweite N, den Nabel zu. Diese frontale Position verdeutlicht, wer gemeint ist und dass die Botschaft auch wichtig ist.

Als Zusatzstipp empfehle ich den »Clint-Eastwood-Blick«. Den Kopf leicht nach vorn neigen und das Gegenüber aus tiefen Augen heraus fixieren. Damit erzeugt man eine enorme Nachdrücklichkeit.

Um die Wirkung zu entfalten, ist es nötig, am Ende der Aussage die NN-Regel und den Clint-Eastwood-Blick so lang wortlos (!)

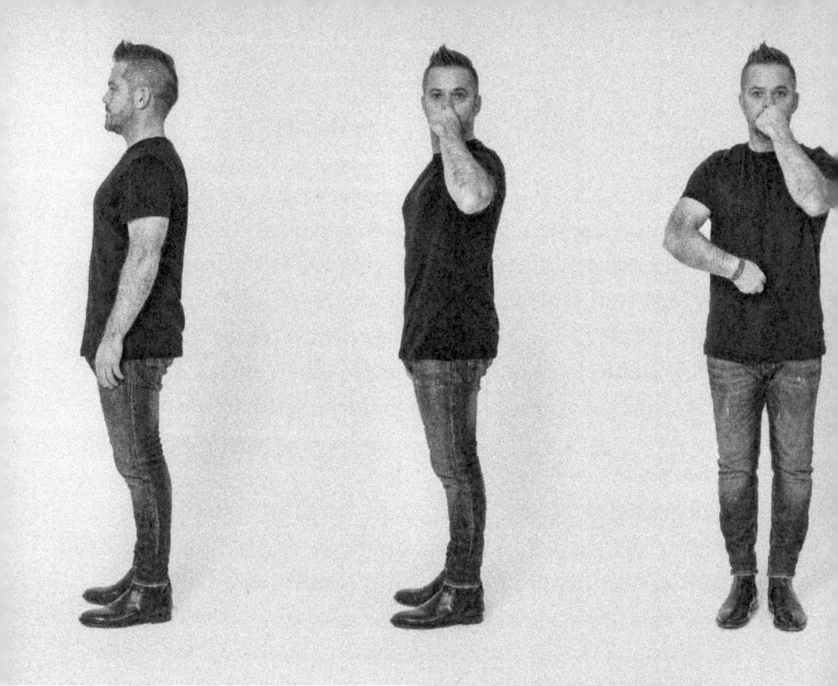

beizubehalten, bis das Gegenüber eine Reaktion zeigt. Wer dabei spricht und erklärt, warum und wieso und weshalb, hat die Botschaft so verwässert, dass das Ergebnis wieder missverständlich ist.

Besonders in angespannten Situationen ist diese Stabilität wichtig. Aber genau dann macht uns die Stimme oft einen Strich durch die Rechnung.

Zu hoch wirkt unsicher

Die Stimme einer Frau ist normalerweise höher als die eines Mannes, und das ist auch ein Erkennungssignal untereinander. Rufen sich Frauen einen Gruß zu, geht die Stimme etwas nach oben, genau das Gegenteil davon, was Männer machen. Wiederum ein Signal der Bindung. Deswegen klingen manche Frauenrunden akustisch hochfrequenter als Männerrunden. Zwar machen sich Männer oberflächlich manchmal lustig über dieses »Gegacker«, insgeheim ist es aber ein Magnet, der Männern die Anwesenheit von Frauen signalisiert.

Woher wissen Sie, dass in der Achterbahn, im Wasserrutschenpark und im eiskalten Fluss Frauen anwesend sind? Sie hören es! Frauen nutzen ihre stimmlichen Eigenschaften in Gefahrensituationen. Schreien und Kreischen erregen die Aufmerksamkeit von Menschen in der Nähe, und die könnten potenziell Hilfe leisten.

Eine hohe Stimme wirkt zudem weniger dominant und auch weniger bedrohlich als eine besonders tiefe. Steht ein Konflikt im Raum, gehen Frauen mit ihrer Stimme nach oben. Das heißt, Kritik oder unangenehme Botschaften werden mit höherer Stimme kommuniziert. Aufs Berufsleben übertragen sollten Sie wissen, dass Sie mit einer hohen Stimme weniger ernst genommen werden.

Die Hadza, ein Volk in Afrika, das noch recht unberührt von der westlichen Zivilisation lebt, nimmt die Stimme als Einordnungssignal. Frauen mit hoher Stimme werden von Männern eher als Lebenspartnerin bevorzugt. Jene mit tieferer Stimme ernten durchaus Sympathie, werden aber mehr als Partnerinnen für die Jagd betrachtet.[52] Das heißt nicht, dass man seine Stimme künstlich tiefer ansetzen sollte. Es reicht schon, wenn Sie sie im normalen Bereich halten, wenn Sie besonders nervös sein sollten. Und wenn Sie Ihren Worten Nachdruck verleihen wollen, ist tief besser als hoch. Das gilt für Frauen und Männer.

Weichere, leisere, vorsichtigere Töne in verbaler und nonverbaler Sprache stehen der geballten Kraft und dem Dominanzdrang der männlichen Körpersprache entgegen. Das bestätigt wieder, Konfliktvermeidung und Zusammenhalt prägen das Verhalten von Frauen besonders stark. Was aber, wenn man sich durchsetzen will, im Haushalt, Straßenverkehr oder in der Firma? Da könnte man schon auf die Idee kommen, dass es doch gut wäre, wenn Frauen sich in ihrer Mimik und Gestik etwas vermännlichen. Wie kurzsichtig gedacht!

Lächelt weniger!

»Frauen, seid nicht immer so lieb! Verschafft euch Platz! Hört auf, so häufig zu lächeln!«

In manchen Seminaren wird genau das propagiert. Sie sollen sich zu Beginn einer Präsentation breit aufstellen, um Standfestigkeit zu zeigen. Und um Himmels willen, bitte unbedingt weniger lächeln! Dahinter verbirgt sich ein Defizitdenken, wie es Psychologen nennen. Also die Überzeugung, dass Frauen grundsätzlich von einem Nachteil aus starten würden. Als hätten Frauen weniger von etwas, das man unbedingt brauche, um erfolgreich zu sein. Dagegen gibt es einiges einzuwenden.

Erstens geht es nicht um männlich oder weiblich, sondern um die Wirkung, die eine bestimmte Körpersprache erzielt. Wenn Durchsetzungsfähigkeit und Dominanz wichtig sind, kann das beschriebene Verhalten durchaus richtig sein. Denken Sie an die NN-Regel und den Clint-Eastwood-Blick. Wenn aber Offenheit, der Teamgedanke und das Arbeiten auf Augenhöhe gefragt sind, dann ist es nicht zielführend.

Zweitens zeigt ein breiter Stand nicht Stabilität, sondern genau das Gegenteil, wie vorher bereits beschrieben. Breitbeinigkeit ist nur für eine Situation wichtig: die Notsituation! Ansonsten wirkt diese Haltung distanzierend. Darüber hinaus wird ein breiter Stand nur in einem Fall tatsächlich gebraucht, nämlich wenn der Körper droht umzufallen. Auf wackligem Untergrund verbreitern wir alle die Basis, also auch unseren Stand. Das ist dem Umstand geschuldet, dass der Mensch zu jenen zweibeinigen Lebewesen gehört, die gemessen an der Grundfläche am höchsten aufragen. Nur der Vogel Strauß spielt da in unserer Liga. Wir müssen also schnell reagieren, wenn's instabil wird, und unsere Basis verbreitern. Wer nun zu Beginn eines Gespräches einen breiten Stand einnimmt, signalisiert: *Ich muss um meine Stabilität kämpfen.*

Drittens ist das Lächeln genau jenes Signal, das Frauen öfter nutzen, um damit schneller eine Beziehung zu anderen herzustellen. Kunden, Geschäftspartner und Kollegen erkennen daran, dass Offenheit und Augenhöhe angeboten werden.

Nun gibt es tatsächlich »Fachleute«, die Frauen empfehlen, das Lächeln im Business-Umfeld doch bitte zu reduzieren. Ich komme nicht umhin festzuhalten, dass die meisten dieser Fachleute nicht vom Körpersprachefach sind. Deshalb sehen nur sie eine schüchterne Frau, die lächelt. Dabei kommt die Schüchternheit zum Ausdruck wegen des eingeknickten Knies, der nach innen gedrehten Fußspitzen, der eng vor dem Körper gefalteten Hände, des Knetens der Finger, des geneigten und gesenkten Kopfs und des hochfrequenten Kicherns nach jedem Satz. Dafür fehlt den vermeintlichen Fachleuten der gesamtheitliche Blick. Sie reduzieren die Frauen auf die Lächelmimik. Was für ein Bärendienst, den sie den Frauen da erweisen. Wer meint, das Lächeln wäre der Grund, warum Frauen nicht ernst genommen werden, nimmt ihnen ein wertvolles Asset, das sie den griesgrämigen Chefkollegen voraushaben.

Wobei ich an dieser Stelle erwähnen möchte, dass die meisten Menschen nicht Gefahr laufen, zu viel zu lächeln. Vielmehr überschätzen wir die Freundlichkeit unserer eigenen Mimik. Probieren Sie folgende Spontanübung: Machen Sie während des Tages immer wieder ein Selfie. Keines, wo Sie sich in Positur werfen und bewusst eine Mimik aufsetzen. Sie wollen Ihren ungestellten Gesichtsausdruck regelmäßig festhalten. Dadurch bekommen Sie mehr und mehr Bewusstsein über die Mimik, die andere Leute von Ihnen im Alltag sehen. Wundern Sie sich nicht, wenn Sie ernster dreinschauen, als Sie sich selber eingeschätzt haben. Nicht aus Bösartigkeit, sondern aus Unwissenheit.

Wir sind die Einzigen, die unsere eigene Mimik nicht sehen!

Die Notfallhaltung

Den breiten Stand und die ernste Mimik bewahren Sie sich für Eskalationen und Extremsituationen auf, wo kraftvolles, ja kompromissloses Agieren enorm wichtig ist. Denn es gibt Teammitglieder, die es sich zur Aufgabe machen, die Chefin (und den Chef) herauszufordern oder zu verunsichern. Was Sie dann besonders nachdrücklich erscheinen lässt, ist genau dieser Wechsel von der geschwungenen, weicheren, zur starren, symmetrischen Haltung. Dafür haben wir die NN-Regel und den Clint-Eastwood-Blick. Das wirkt aber nur, wenn Sie vorher sympathisch aufgetreten sind. Gehen Sie sparsam damit um, und vergeuden Sie diese Waffe nicht an Stellen, wo Sie sie nicht brauchen.

Mir ist es wichtig aufzuzeigen, dass die Aussage, man müsse sich »vermännlichen« und »da oben« würden nur »Männersignale« verstanden werden, um als Führungskraft zu reüssieren, nicht viel mehr als eine urbane Legende ist. Wahrscheinlich schwingt der Gedanke mit, dass man sich als Frau manchmal die Durchsetzungsfähigkeit eines Mannes wünschen würde. Bekommen Sie, gnädige Frau. Aber würden Sie auch die Distanziertheit und die Grobheit hinnehmen? Die gehen damit leider oft einher. Eben!

»Immer bleibt die Hausarbeit an mir hängen!«

Geschirrspüler ausräumen, bügeln, Wäsche zusammenlegen, Küche aufräumen, Betten machen, Garderobe ordnen, Schuhe verräumen, einkaufen, kochen. Die Liste ist lang. 80 Prozent der Hausarbeit wird von Frauenhand erledigt. Auch heute! Offensichtlich verändert sich in der jüngeren Generation weniger als erhofft. »Sind wir da nicht endlich weiter?«, hat sich schon vor Jahrzehnten die österreichische Frauenministerin gefragt. Per Regierungsempfehlung hat sie kurzerhand eine 50:50-Aufteilung der Hausarbeit verordnet. Man darf darüber schmunzeln. Als ob eine Regierung Zugriff auf unausgesprochene Abmachungen einer Beziehung beziehungsweise einer Familie hätte. Wahrscheinlich stoßen Sie sich jetzt am Wort »Abmachung«. Aber genau das trifft es. Eine nonverbale Abmachung ist stabiler als eine ausgesprochene Vereinbarung.

Zu Beginn der Beziehung bettet man das Bett, auf dem man lange liegt. Wenn ich mal ein stereotypes Bild zeichnen darf: Bevor eine Frau ihren neuen Freund das erste Mal zu sich in die Wohnung einlädt, achtet sie darauf, dass ihr Nest vorzeigbar und ordentlich ist. Dabei müsste sie gar nicht viel machen, denn wirkliches Chaos herrscht sowieso nicht. Das Heim ist dekoriert, der Kühlschrank gut gefüllt, das Geschirr befindet sich dort, wo es hingehört, und die Bettwäsche passt zur Schlafzimmereinrichtung. Zudem ist das Bett gemacht, wie jeden Tag.

Bei ihm sieht es anders aus. Die Wohnung ist kahl, dafür mit viel Technik ausgestattet. Im Kühlschrank türmt sich das Nötigste – Bier und Fertiggerichte. Und bevor sie an der Tür klingelt, beeilt er sich, notdürftig das Gröbste zur Seite zu räumen. Ob das auf jeden Einzelnen zutrifft, ist schwer zu beurteilen, denn natürlich gibt es ordentliche Männer und unordentliche Frauen. Aber es dürfte etwas dran sein an diesem Bild. Und dieses unterschiedliche Verhalten setzt den ersten Rahmen.

Weiblicher Territorialkampf

In Dekoabteilungen, Geschirrgeschäften und Blumenläden ist man als Mann in der Minderheit. Nicht weil es die Emanzipation Männern verbieten würde, dorthin zu gehen. Vielmehr ist das einschlägige Interesse der meisten Männer eindeutig geringer. Der Mann beginnt im Haushalt erst mitzusprechen, wenn es um die Anschaffung des neuesten digital gesteuerten Staubsaugers mit Induktionsladestation geht oder Reparaturen anstehen, wie die oben genannte Umfrage bestätigt. Dekorieren und Organisieren ist in den meisten Wohnungen Frauensache. Meist geschieht es sehr harmonisch, weil sich nur wenige Männer dagegen auflehnen. Selbst wenn ihm nicht jedes Dekoteil gefällt, ist es ihm nicht wichtig genug, sich deswegen in Stellung zu bringen. Sie bestimmt auch, wie das Heim gepflegt werden muss. Die Betten müssen auf eine bestimmte Art gemacht werden, die T-Shirts farblich geordnet sein, nur ein bestimmtes Waschmittel ist gut genug, und sie weiß, was in den Geschirrspüler gehört und was von Hand abgewaschen werden muss. Damit verdrängt man den anderen subtil aus diesem Bereich. Man könnte auch von einer subtilen Art der Territorialeroberung sprechen. Sie merkt das umgekehrt sehr schnell, wenn sie beginnt, seinen Hobbykeller aufzuräumen. Schraubenzieher, Maschinen, Materialien aller Art werden »viel besser« organisiert. Die Auflehnung folgt auf dem Fuß. »Lass alles, wie es ist, sonst finde ich danach nichts mehr.« Dieser territoriale Übergriff war ihm zu viel – Revierkampf entschieden! Und sie macht das Gleiche wie er in »ihrem« Bereich – sie rührt ab jetzt dort nichts mehr an. Belächelt er sie zu oft oder ruft ein abfälliges »Ich mach das schon!« aus, wenn sie umständlich einen Nagel in die Wand haut, dann schlägt das in dieselbe Kerbe. Ab sofort wird sie bei solchen Tätigkeiten sagen: »Wenn du schon alles besser kannst, dann mach es halt selber!«

Ihr ist es wichtig, dass das Zuhause wohnlich und ordentlich ist. Schließlich gibt die gemeinsame Wohnung ein starkes Gefühl von Zusammengehörigkeit. Aber irgendwann findet sie, dass er seine Schuhe aus dem schön dekorierten Flur wegräumen könnte. Zudem könnte er auch mal den Staubsauger in die Hand nehmen und vielleicht auch mal die Fenster putzen? Er springt dabei nicht sofort mit Begeisterung auf und sagt: »Stimmt! Du hast recht, ich sauge das Wohnzimmer.« Nein, er zögert, atmet einmal tief durch, legt das Tablet langsam zur Seite. Beide Hände fallen spannungslos auf die Oberschenkel, und mit einem tiefen Seufzer steht er nach langer Verzögerung auf. Diese Bewegung hat ihr so viel Unwillen vermittelt, dass ihr Neandertalerhirn meint: »Hui, jetzt könnte es zu einem Konflikt kommen.« Deswegen sagt sie: »Ach, bleib sitzen. Ich mach's selber!« Sein Neandertalerhirn interpretiert: »Ah, dann hat sie das mit meiner Mithilfe wohl nicht so ernst gemeint.« Die Körpersprache hat's entschieden. Das ist der zweite Schritt auf dem Weg der ungerechten Arbeitsverteilung.

Aber das ist noch nichts gegen die Zeit, wenn Kinder da sind. Der Versorgungsaufwand für die Nachkommen ist riesengroß. Den Haushalt perfekt in Schuss zu halten, ist dann nur noch eingeschränkt möglich. Jetzt gibt es zwei Möglichkeiten: Entweder verzweifeln oder sich für Unordnung entscheiden. Meist kommt beides: Sich bei gleichzeitiger Unordnung alleingelassen fühlen. Für die Frau, die vorher so viel Wert auf Ordnung gelegt hat, ist das unterschwellig belastend. Nicht wenige Beziehungen scheitern daran. Nun könnte man fragen: »Warum sind Männer so ignorant? Warum übernehmen sie nicht selbstverständlich ihren Teil?« Manche tun es, aber offensichtlich immer noch nicht genug. Aber wie schon zu Beginn festgehalten, ergibt es keinen Sinn, eine Die-anderen-sind-schuld-Diskussion loszutreten. Denn dadurch wird die Wohnung auch nicht sauber. Wichtiger ist es, Mittel an die Hand zu bekommen, seine Wünsche klar zu vermitteln.

»Schatz, wir müssen reden!« Um Himmels willen, sagen Sie das nicht! Denn wenn er antwortet: »Ja, das glaube ich auch«, sind Sie beide beunruhigt. Es gilt folgender Grundsatz: *Wer eine Regelung unausgesprochen durch sein Verhalten jahrelang praktiziert, bekommt sie durch Gespräche nicht wieder weg.*

Sie müssen Ihr Verhalten, will sagen, Ihre Körpersprache ändern.

Wer nämlich bisher sein Territorium so stark für sich beansprucht und dem anderen subtil das Mitspracherecht und die Verantwortung entzogen hat, sollte zuerst da ansetzen. Übergeben Sie gewisse Bereiche des Haushalts an Ihren Partner. Ob bügeln, Fenster putzen oder Versorgungskochen. Das haben Sie schon oft versucht, und es hat nie geklappt, ich weiß. Wissen Sie auch warum? Weil er nicht so akkurat bügelt wie Sie. Das haben Sie gesehen, weil Sie ihm über die Schulter geschaut haben, damit er in Ihre teure Bluse nur ja kein Loch reinbrennt. Außerdem bleiben Schlieren, wenn er die Fenster putzt, und er kocht auch nicht so gesund und ausgewogen wie Sie. Merken Sie was? Territorium aufgeben heißt, den anderen etwas so machen zu lassen, wie er beziehungsweise sie es für richtig hält. Lassen Sie los, und zeigen Sie Dankbarkeit, genauso wie Sie es sich von Ihrem Partner wünschen.

Der zweite Schritt ist entscheidender. Über einen langen Zeitraum scheinen Ihre Bitten, Ihre Aufforderungen, Ihr Flehen um mehr Mithilfe auf taube Ohren gestoßen zu sein. Warum? Wahrscheinlich gehen inhaltliche Äußerungen und Körpersprache getrennte Wege.

Zu Beginn haben Sie mit freundlicher Stimme um Mithilfe gebeten. Irgendwann verdrehten Sie vielleicht insgeheim die Augen. Und je öfter das passierte, desto verzweifelter sagten Sie:

»Könntest nicht auch du mal was im Haushalt tun?« Irgendwann brachten Sie gar keine Aufforderung mehr über die Lippen, sondern meinten nur resigniert: »Und wieder bleibt alles an mir hängen.«

Wichtig dabei ist die Körpersprache. Von der ersten Bitte an halten Sie den Kopf schräg, drehen den Körper niemals frontal in seine Richtung, sagen es mit einer Stimme, die am Ende der Aufforderung nach oben geht, als wäre es eine Frage. Endgültig geben Sie auf, wenn Sie um all das bitten, gleichzeitig aber die Arbeit selber erledigen. »Immer bleibt das Bügeln an mir hängen. Schön wäre es, wenn du das mal machst!«, während das Eisen über die Wäsche saust. Verbal äußern Sie, was Sie gern von Ihrem Mann hätten. Nonverbal zementieren Sie jedoch das Gegenteil.

Meine Worte sagen, was ich will. Aber gleichzeitig signalisiert meine Körpersprache: Diese Worte sind nicht ernst zu nehmen.

Sie ahnen, wer das Rennen macht.

Die Regel der zunehmenden Intensität

Schritt 1: Tragen Sie Ihre Bitte um Mithilfe möglichst liebenswürdig vor. Ohne unterschwelligen Vorwurf, ohne die Erwartungshaltung, dass dem ohnehin nicht entsprochen wird. Wichtig dabei – machen Sie es nebenher. »Du würdest mir eine Verschnaufpause verschaffen, wenn du den Geschirrspüler ausräumst.« Schauen Sie dabei weiter fern, lesen Sie oder bügeln Sie weiter. Die Körpersprache ist absichtlich (!) beiläufig gestaltet. Denn damit nehmen Sie Druck aus der Situation. Vielleicht macht es schon den Unterschied, dass die Bitte nicht als Vorwurf ankommt.

Schritt 2: Wenn er die Botschaft zur Mithilfe noch nicht verstanden hat, machen Sie es bei nächster Gelegenheit anders.

Während Sie die Tätigkeit ausführen, blicken Sie kurz zu Ihrem Gegenüber und bringen die Botschaft an: »Du würdest mir eine Verschnaufpause verschaffen, wenn du den Geschirrspüler ausräumst.« Die Zuwendung erhöht die Intensität deutlich.

Schritt 3: Bei ihm hat es immer noch nicht klick gemacht? Dann gehen Sie im dritten Schritt aufs Ganze. Stoppen Sie Ihre aktuelle Tätigkeit und wenden Sie sich Ihrem Gegenüber voll zu. NN-Regel beachten! Schauen Sie ihn dabei ernst an. Clint-Eastwood-Blick! Und nach kurzer Pause: »Du würdest mir eine Verschnaufpause verschaffen, wenn du den Geschirrspüler ausräumst.« Jetzt bleiben Sie in dieser Position, bis Sie eine Reaktion bekommen. Das werden Sie. Wenn auch nicht freudestrahlend. Das ist der erste Weg für beide, sich an eine neue nonverbale Abmachung zu gewöhnen.

Einer ungleichen Arbeitsaufteilung zu Hause liegt ein Verhalten zugrunde. Und Verhalten verändert sich nicht durch Wissen. Jeder, der schon versucht hat, seine Ernährung umzustellen oder 5-mal pro Woche eine Sport-Routine einzuhalten, weiß, wie groß die Differenz zwischen Wissen und Umsetzung ist. Verhalten manifestiert sich, je öfter wir etwas tun – wie jeder weitere Ziegel, der in eine Mauer eingesetzt wird und sie stabiler werden lässt. Wenn Sie die ungerechte Arbeitsaufteilung jahrelang praktiziert haben, dann haben Sie und Ihr Partner eine ziemlich dicke Mauer gebaut. Diese Mauer kann weder einfach umgestürzt werden, noch wird sie plötzlich wieder verschwinden. Wollen Sie eine Veränderung erreichen, müssen Sie Ziegel für Ziegel wieder abbauen.

Frau und Mann – im Team erfolgreicher

Zusammenfassend kann man sagen, dass die weibliche Körpersprache eine erfolgreiche Antwort auf die Herausforderungen ist, die Frauen im Leben zu bewältigen haben. Die Kommunikationsfreude und Bindungsfähigkeit geben Schutz und Unterstützung für sie selbst und die Kinder. Gleichzeitig steht eine Frau auch vor der Herausforderung, eine möglichst gute Genkombination zu kreieren, und muss, simpel gesagt, deswegen den besten Mann anlocken.

Gehen wir Tausende von Jahren zurück und stellen uns vor, dass Frauen ebenso große Lust verspürt hätten, sich Abenteuern auszusetzen wie Männer, hätten sie damit nicht nur ihr Leben, sondern auch das der Nachkommen in Gefahr gebracht. Schließlich fanden die ersten sexuellen Kontakte genau in jenem Alter statt, wo Männer am mutigsten sind. Offensichtlich hat diese Spezialisierung uns Menschen zumindest so weit gebracht, dass wir einerseits durch enormen Wagemut neue Gebiete und damit auch Nahrungsquellen erobern konnten. Zum anderen war die Hälfte der Menschheit vernünftig genug, sich um die Nachkommenschaft zu kümmern. Es ist genau die Differenz im Verhalten, die uns erfolgreich macht.

Topweibchen haben's schwer – mittelprächtige Männchen auch

Jeder versucht also, den besten Partner beziehungsweise die beste Partnerin für sich zu gewinnen. Frauen geben viel, um einen Topmann in der Qualitätshierarchie abzubekommen. Hinlänglich bekannt ist, dass gebildete und gut situierte Menschen nicht nur erfolgreicher, sondern im Durchschnitt auch gesünder sind. Gute Voraussetzungen für eine erfolgreiche Nachkommenschaft. Eine Theorie besagt, dass Frauen »nach oben heiraten«, um einen wirtschaftlichen Nachteil auszugleichen. In der Zeit, in der sie sich um den Nachwuchs kümmern, haben sie nur eingeschränkt die Möglichkeit, Wohlstand zu erwirtschaften oder sich fortzubilden. Mit einem besser situierten Mann gleichen sie das aus. Das erklärt auch, warum sich Frauen weltweit weniger daran stören, wenn sie in Sachen Bildung und Finanzen zu ihrem Partner »aufschauen«.

Männer agieren da anders. Mancher Zeitgenosse gibt sich – oder muss sich – mit dem Mittelbau der weiblichen Qualitätshierarchie zufriedengeben. Weswegen die Top-Performerinnen unter den Frauen nicht selten leer ausgehen.

Es ist also nicht ungewöhnlich, wenn der Oberarzt mit der Krankenschwester eine Beziehung eingeht. Die Oberärztin wird aber nur selten den Hausmeister als ihren Traummann wählen.[53] Gern wird das mit dem schwachen Ego von Männern abgetan. Das mag mit ein Grund sein. Aber wie in der Einleitung beschrieben: Wer die Schuld ausschließlich beim anderen sucht, bleibt am Ende doch allein. Denn es gilt immer das passende *Versprechen.* Vielleicht *verspricht* sie mit ihrem Verhalten Karrieretalent, aber nicht das, was beim anderen ein Bedürfnis nach Partnerschaft auslösen würde.

Kein Stress, meine Damen!

Frauen kämpfen den gleichen Wettkampf, den Männer bis ins hohe Alter untereinander ausfechten, um im Fokus des anderen Geschlechts zu stehen. Dabei übersehen viele Frauen, dass Männer Falten, graues Haar und etwas schlafferes Bindegewebe kaum bemerken. Denn dieser Kampf ums Prestige gilt eher seinem eigenen Geschlecht. Männer scheinen kleine Makel bei der Partnersuche wenig zu stören. Beweise gefällig?

Die Idealfigur war immer ein Ausdruck der wirtschaftlichen Möglichkeiten. Die Rubensfigur des Barock-Zeitalters war so reizvoll, weil damals für die meisten Frauen das Leben ein karges war. Nur wenige Frauen lebten im Nahrungsüberfluss bei gleichzeitiger Arbeitslosigkeit, um so viel Fett anzusetzen. Es hat die Rubens-Frauen im Alltag also nahezu nie gegeben. Sie waren selten und deswegen ein Hingucker. Heute ist es eine Besonderheit, schlank zu sein. Wir verfügen über derartig viele Ressourcen in Form von energiereicher Nahrung, dass es attraktiv wird, wenn man dabei einen niedrigen Fettanteil im Körper hat. Aber seien Sie beruhigt, Idealfiguren sind die Ausnahme. Ihr Partnerfindungserfolg wird davon weniger beeinflusst, als Sie sich unter Frauen gegenseitig weismachen wollen. Besonders bedenklich ist es, wenn daraus Ess- und Persönlichkeitsstörungen resultieren. Der Großteil der Menschen bewegt sich außerhalb von Traumfiguren.

Ihnen als Frau sei versichert, dass die meisten Männer viel zu blind sind für all die Details, die Sie in Ihr Äußeres investieren. Beine nicht sauber rasiert? Merkt er gar nicht. Ein paar Pfunde zu viel auf den Hüften? Wird ihm gefallen. Und wenn Sie glauben, dass außer Ihnen die ganze Welt schön ist und Idealmaße aufweist, dann folgen Sie den falschen Social-Media-Kanälen.

Denn, o Wunder, scheinen Menschen bei der Partnersuche trotzdem ziemlich erfolgreich zu sein. Wir sollten also erkennen, dass wir uns oft selber mehr Druck machen, als die Umwelt uns machen würde.

Menschen im privaten und beruflichen Umfeld suchen nach Signalen, die sich nicht mit kurzfristigen Trends verändern.

Und viel wichtiger ist es, ihm das Gefühl zu geben, in seinem Kampf um Sie gegenüber den anderen Männern gewonnen zu haben.

Am Ende zählt nämlich etwas anderes: Sie müssen mit Ihrer Körpersprache *versprechen,* die emotionalen Bedürfnisse zu befriedigen.

Ich möchte hier anmerken, dass ich meine Aufgabe keineswegs darin sehe, den gesellschaftlichen Diskurs in eine Richtung zu lenken. Ich kann nicht beurteilen, ob der Schönheitsdrang gut oder schlecht ist. Fakt ist, dass er die Menschheit bis zu diesem Punkt gebracht hat.

Viel wichtiger ist jedoch Folgendes: Immer wieder erlebt man, wie Frauen von anderen Frauen dafür angegriffen werden, dass sie sich gerne schmücken, schminken und verschönern. »Du bedienst ein Modediktat, das vom Patriarchat erfunden wurde.« – »Du unterwirfst dich den Männern!« Das löst einen starken inneren Zwiespalt bei manchen Betroffenen aus. Einerseits gehen viele dieser Signale tatsächlich mit einer emanzipierten Wertvorstellung schwer zusammen. Gleichzeitig aber läuft bei den meisten Frauen ein uraltes Programm ab, das Schönheit als wichtiges Element für das eigene Selbstwertgefühl und auch die Rolle in der Gesellschaft sieht.

Vielleicht hilft es anzuerkennen, dass eine Frau gleichzeitig Freude an der Verschönerung haben und eine erfolgreiche und toughe Businessfrau sein kann. Wie auch nicht jeder Mann, der Freude am Wettkampf hat und gerne seine Muskeln aufbläst, ein stupider Macho ist.

Zu jeder Zeit *ein* Rucksack, das reicht!

Frauen stehen also vor der Herausforderung, sich nicht zu viel zuzumuten. Auf der einen Seite steht da das Bedürfnis, attraktiv, jung und schön zu sein. Auf der anderen Seite findet sich die berufliche Anerkennung, vielleicht sogar der Wunsch, Karriere zu machen. Dazu muss eine Frau oftmals gegen ihr eigenes Bedürfnis nach Bindung und Integration anarbeiten. Manchmal entwickeln Frauen daraus das Gefühl, zwei Rucksäcke gleichzeitig tragen zu müssen.

Ich erzähle Ihnen, wie eine Freundin von mir damit umgeht. Marion heißt sie. Wenn man Marion privat begegnet, sieht man eine elegante Frau. Vielleicht haben Sie sie schon mal in einer Talkshow oder bei einer Society-Veranstaltung gesehen. Dort wird Sie Ihnen aufgefallen sein. Figurbetonte Kleidung mit Stilettos, die mir bis zur Hüfte reichen, auffallend geschminkt und mit opulentem Schmuck behangen. Ihre Körpersprache ist ausnehmend dynamisch, und sie hat eine einladende und offene Mimik. Sie ist eine Person, der hinterhergegafft wird. Von beiden Geschlechtern. Und man weiß nie, ob aus Bewunderung oder Neid.

Marion ist beruflich sehr erfolgreich. Sie war die erste Frau Deutschlands, die einen Universitätslehrstuhl für Gynäkologie innehatte. Sie leitet die Klinik für Frauenheilkunde in München und ist auch Mitglied der Leopoldina, einer erlesenen Wissenschaftsvereinigung. Immer wieder lädt sie mich in ihre Klinik ein, um für ihre Ärzte und Pfleger Seminare zur Körpersprache zu geben. Dabei konnte ich sie beobachten. Ich sag's Ihnen, die weiß, wo's langgeht. Sie lächelt viel, hat eine offene Körpersprache, aber an Durchsetzungskraft lässt sie nichts vermissen. Elegantes Schreiten, Haare zurückwerfen und keck ausgestelltes Bein – nichts davon findet dann mehr statt. Knappe Kommandos, klare Botschaften, selten mit Liebenswürdigkeiten geschmückt. Ich habe sie darauf angesprochen, und sie meinte: »Wenn auf der Station Frauen liegen, die um ihr Leben kämpfen, ist für Schönheit keine Zeit.« Und ihre Schuhe in der Klinik? Sneaker!

Wissen Sie, warum ich Ihnen das erzähle? Damit Sie erkennen, dass Sie nicht immer beide Rucksäcke tragen müssen. Marion, höchst erfolgreich, zeigt: Beide Rucksäcke sind gut. Aber jeweils zum richtigen Zeitpunkt.

Kein Stress, meine Herren!

Männer müssen wohl seltener zwischen zwei Rucksäcken entscheiden, doch damit wird ihr Gepäck des Durchsetzungsdrucks nicht unbedingt leichter. Wir sollten uns immer bewusst sein, dass es eine große Bandbreite von kompetitiven und weniger kompetitiven Männern gibt. Aber ganz kommen die Männer aus diesem Streben einfach nicht heraus.

Dabei bleibt das männliche Buhlen um Aufmerksamkeit ein Blindflug mit vielen, vielen Fehlschlägen. Nicht so sehr innerhalb des Geschlechtes, sondern bei Frauen. Denn die Männer bemerken oft zu spät, dass ihr Überlegenheitsgefühl gegenüber ihren Geschlechtsgenossen bei einer Frau gar nicht so toll ankommt. Deshalb bleibt oft der, der seine Muskeln im Fitnesscenter aufbläst, Single, weil er übersehen hat, dass das gewünschte Weibchen auf den Smartesten und nicht auf den Kräftigsten steht. Wer mit dem größten Auto beim ersten Date vorfährt, weiß nicht, dass sie nicht mal die Marken auseinanderhalten kann, weil es für sie kein Entscheidungskriterium ist wie für ihn die Marke ihrer Mascara. Und wer beim Kennenlernen den Taxifahrer, Kellner und Verkehrsteilnehmer zur Schnecke macht, hat vielleicht unter den Männern seine Alphaposition gestärkt, bei der Frau allerdings genau das Gegenteil erreicht. Sie sucht denjenigen, der auch Kooperationsbereitschaft zeigt. Studien belegen, dass Männer nicht in allem der Beste sein müssen, um attraktiv zu sein. Die eine, die gewünschte Eigenschaft reicht, um in den Fokus der Frau zu rücken.[54]

Ideologie reduziert Vielfalt

Wie Sie beim Lesen bemerkt haben, bewerte ich keines der beiden körpersprachlichen Geschlechterstereotype höher als das andere. Denn das würde immer eine Reduktion der menschlichen Freiheit bedeuten. Wir Menschen sind – im Vergleich zu allen anderen Lebewesen – in unserer Körpersprache recht wenig vorprogrammiert. Wir können mit unserer Mimik, Gestik und Haltung eine große Vielfalt von Wirkungen erzielen. Versuchen Sie mal, einem Hund oder einem Affen beizubringen, seine Bein- oder Kopfhaltung nach freien Stücken zu ändern. Sie werden scheitern. »Stimmt doch nicht, wenn ich meinem Rex ›Sitz!‹ zurufe, macht er das.« Ja, schon. Aber bringen Sie ihm mal bei, das mit einem sexy Hüftschwung oder einem geneigten Kopf zu machen. Wird nicht klappen! Und wenn er diese Sitz-Varianten auch noch passend zur Situation machen soll, bemerken Sie den Unterschied zur Vielfalt der menschlichen Körpersprache.

Wir sind also in der Lage, unsere Körpersprache anzupassen.

Dann stellt sich nun die Frage, warum wir es so selten tun? Hören wir geschlechterinternen Gesprächen bei Stammtischen, in Kaffeeküchen und auf Social Media zu, dann erkennen wir viele Argumente, die sich in etwa summieren lassen auf: Unser Geschlecht macht die Sache besser. Die einen, die Frauen, wünschen sich von Männern eine Körpersprache, die manchmal mehr Zurückhaltung und Sanftheit offenbart. Männer sollten aufmerksamer zuhören, mit ihrer Mimik mehr Wertschätzung ausdrücken und bitte mit dem kindischen Messen und Machogehabe untereinander sparsamer umgehen. Ganz so, wie Frauen das eben untereinander auch machen.

Den anderen, den Männern, sind ein Zum-Punkt-Kommen und klarere Signale oft wichtiger. Und ein Nein soll in Gottes Namen auch als solches unmissverständlich erkennbar sein. Eben wie man das als Mann so macht.

Es sieht ganz so aus, als wollten wir vom anderen genau das, was wir selber sind.

Warum leben wir nicht mit dem eigenen Geschlecht zusammen?

Wenn wir schon so unterschiedlich sind, warum bleiben wir dann nicht unter unseresgleichen? Zugestanden, die Fortpflanzung könnten wir ja noch mit dem anderen Geschlecht abfrühstücken, aber nach den drei Minuten könnten wir uns diesen Wust an fremden Verhaltensweisen eigentlich sparen.

Die Frage, warum wir uns vom anderen Geschlecht angezogen fühlen, und zwar über den sexuellen Reiz hinaus, lässt sich beantworten: Wir, mit unserem Verhalten, sind sozusagen Spezialisten auf unserem jeweiligen Gebiet. Damit sind wir gut gerüstet, aber eingeschränkt. Gibt es nämlich eine Herausforderung im Leben, für die man kein passendes Verhalten zur Verfügung hat, scheitert man. Hat man aber jemanden an der Seite, der ein anderes Verhalten als das eigene zeigt, ist die Chance ungleich größer, diese Herausforderung zu lösen. Genau deswegen ist die Synthese des geschlechtsspezifischen Verhaltens erfolgversprechender. Hier die Empathie, dort die Kraft. Hier der Zusammenhalt, dort das Durchsetzungsvermögen. Aus diesem Grund ist es konsequent, dass es auch bei vielen homosexuellen Paaren eine eher »männliche« und eher »weibliche« Rolle gibt.

Und so finden wir am anderen Geschlecht offensichtlich genau das spannend, was wir selber nicht sind. Vielfalt gewinnt!

Eine Anmerkung: Wir dürfen das nicht verwechseln mit inneren Werten. Da müssen die Interessen schon einigermaßen ähnlich sein, um sich langfristig zu binden. Der Satz »Gegensätze ziehen sich an« gilt körpersprachlich. Wenn es um Ziele und Werte geht, finden wir Gegensätze durchaus spannend, langfristig aber gilt: Gleich und Gleich gesellt sich gern. Ich suche mir also jemanden, der die gleichen Ziele und Werte verfolgt wie ich, aber andere Strategien anzubieten hat als ich, um diese Ziele zu erreichen.

Männlich, weiblich, divers

Zwei Geschlechter – oder mehr?

Vielleicht klingt es für Sie absurd, dass wir die Geschlechtsunterschiede nach außen hin so deutlich zeigen. Ja, wir zeigen die Unterschiede so selbstverständlich, dass es beim überwiegenden Teil der Menschen nicht den geringsten Zweifel hervorruft, ob wir es mit einer Frau oder einem Mann zu tun haben. Wir merken es erst, wenn wir einem Menschen begegnen, wo es schwierig zu erkennen ist. Mann? Frau? Ja, was jetzt? Es ist ein wenig wie mit dem Warmwasser: Wir schalten es so selbstverständlich ein, dass wir gar nicht mehr darüber nachdenken. Erst wenn nur noch kaltes Wasser kommt, wird uns bewusst, dass etwas nicht stimmt.

Ob im Mutterbauch ein Mädchen oder ein Junge heranwächst, hängt davon ab, welches Spermium bei der Zeugung den Weg in die Eizelle schafft. Das Spermium hat nämlich einen kleinen Rucksack dabei. Darin transportiert es ein Chromosom. Gewinnt ein Spermium, in dessen Rucksack sich ein X-Chromosom befindet, wird daraus ein Mädchen, denn die Eizelle liefert ebenfalls ein X-Chromosom. Somit haben wir eine XX-Kombination, und die ist weiblich. Ist im Rucksack ein Y-Chromosom, verbindet sich dieses mit dem X-Chromosom der Eizelle, es entsteht eine XY-Kombination, und die ist männlich. Das ist in den ersten Schwangerschaftswochen zunächst nicht entscheidend. Zwar wird der Rucksack ausgepackt, aber die Reise der Samenzelle war so anstrengend, dass sie sich erst mal aufs Ohr haut. Und zwar mehrere Wochen. In dieser Zeit entwickeln sich weibliche und männliche Embryonen gleich.

In der achten Schwangerschaftswoche aber schrillt ein Wecker, und hektische Betriebsamkeit entsteht. Da kommt richtig Unruhe in die Entwicklung. Weniger bei der weiblichen, der XX-Kombination, dafür umso mehr beim Y-Chromosom. Das beginnt jetzt seine Arbeit zu verrichten und tut alles, um seinen Job zu rechtfertigen. Es sorgt dafür, dass der junge Kerl einen ordentlichen Testosteron-Shot verabreicht bekommt. *Bäm!* Der Schuss hat zur Folge, dass ab da bei Jungen die Gehirnentwicklung etwas anders verläuft als bei Mädchen. *Strike*, denkt sich das Y-Chromosom. Zudem schüttet es das Anti-Müller-Hormon aus, und dann ist Schluss mit der Gebärmutter- und Eileiterentwicklung. *Endlich Platz für die männlichen Geschlechtsorgane!*, denkt sich das Y-Chromosom. Im Lauf der Schwangerschaft klingelt der Wecker immer wieder, und das Y-Chromosom hat ein paar Dinge zu verantworten, die den Hormonhaushalt, die körperliche Entwicklung und auch das Gehirn so formen, dass es bei der Geburt sagen kann: »Ich war mein Geld wert, also her mit der Marie!«

Läuft in den Zeitfenstern, in denen der Wecker des Y-Chromosoms klingelt, alles nach XY-Plan, haben wir am Ende einen phänotypischen Mann. Läuft im anderen Fall alles nach XX-Plan, und kein Y-Chromosom pfuscht hinein, steht am Ende eine phänotypische Frau da, mit entsprechenden Geschlechtsorganen, Hormonhaushalt und Gehirnentwicklung. Und Verhalten! Ich sage, »nach Plan«, weil das bei nahezu allen Embryonen genauso abläuft.

Aber der Wecker des Y-Chromosoms klingelt nicht in allen Fällen zuverlässig. Oder er klingelt, aber das Y-Chromosom hat zu wenig Hormone im Gepäck. Manche Y-Chromosomen sind so übereifrig, dass sie Hormone ausschütten, wo sie nicht sollen. Nicht nur bei Jungs, auch bei manchen XX-Kombinationen, also weiblichen Embryonen, schießen Hormone ein, wo sie nicht sollen. Ein Testosteron-Cocktail zu viel oder zu wenig hat enorme Auswirkungen auf das gesamte Leben des werdenden Menschen. Ja, es gibt sogar Fälle, wo das Spermium zwar den

Rucksack dabeihat, aber darin weder das X- noch das Y-Chromosom befördert.

Sie sehen, es kann schon einiges außerplanmäßig laufen. Wobei Männer weitaus häufiger betroffen sind als Frauen. Aus einem einfachen Grund: Wir sind eigentlich alle weiblich. Das männliche Y-Chromosom ist ziemlich schwach auf der Brust – es liefert weniger als 100 Gene, während das weibliche X-Chromosom rund 2000 Gene in sich trägt. An sich würde alles auch ohne das Y-Chromosom gut laufen. Falls weibliche Leser jetzt sagen: »Ja, das denke ich mir schon länger!«, habe ich die frohe Kunde: Es könnte tatsächlich sein, dass dieses Y-Chromosom irgendwann verschwindet. Aber dann müssen Sie die Autobahnbrücken und das Baumhaus für Ihre Kinder selber bauen. Und es dauert aber wohl noch viele 1000 Jahre, bis es so weit ist.

Es bleibt wichtig zu erkennen, dass die unterschiedlichen Entwicklungsfenster den Menschen formen und sein Verhalten prägen: Männer mit recht hoher Stimme, wenig Bartwuchs, wenig ausgeprägtem räumlichem Denken. Und femininem Verhalten. Oder: Frauen mit besonders viel Muskelmasse, ausgeprägtem Unterkiefer. Und männlichen Bewegungen. Das ist an der Körpersprache ersichtlich.

Transsexuell – das biologische Geschlecht

In manchen Fällen ist die Sache paradoxerweise so uneinheitlich, dass ein Embryo entsteht, der weibliche Geschlechtsorgane entwickelt, aber hormonell und von der Gehirnentwicklung männlich ist. Und umgekehrt: biologisch ein Mann, aber hormonell und gefühlsmäßig eine Frau. Diese Menschen haben es enorm schwer im Leben, und manche lassen das Geschlecht irgendwann im Leben »angleichen«. Das ist genau der richtige Ausdruck. Das biologische Geschlecht wird dem hormonellen

Geschlecht und der Gehirnentwicklung angeglichen. Wir haben es dann mit einer Transfrau oder einem Transmann zu tun. Wir lesen äußerst viel in den Medien davon, und man könnte den Eindruck bekommen, es wäre ein Massenphänomen. Dabei liegt die Häufigkeit im Promillebereich. Weltweit identifizieren sich zwischen unter 0,1 Prozent und 0,5 Prozent als transgender. Aber dieser Medienrummel gereicht zum Schaden der Betroffenen, wie ich gleich ausführen werde.

Transgender – das soziale Geschlecht

Weit mehr Menschen gibt es jedoch, die von dieser Entwicklungsbesonderheit weniger stark betroffen sind, sich aber trotzdem unwohl fühlen, in die Mann-Frau-Dichotomie eingeordnet zu werden. Die Begriffe »non-binary«, »nichtbinär« oder »nb« haben sich dafür durchgesetzt und bedeuten weder eindeutig Mann noch eindeutig Frau zu sein. Das ist nicht nur »eine Modeerscheinung junger Menschen«, sondern tatsächlich in der Embryonalentwicklung zu beobachten, wie oben beschrieben. Darauf basiert im Großen und Ganzen der Streit in der akademischen Welt, ob es nun zwei oder doch mehr Geschlechter gibt.

Aus meiner Sicht geht diese Diskussion völlig am Thema vorbei. Denn selbst wenn wir uns auf Bezeichnungen für »neue« Geschlechter einigen, würde es im Alltag wenig bringen und wäre nicht viel mehr als eine oberflächliche Beruhigungspille. Den Betroffenen geht es in Wirklichkeit um die Akzeptanz in der Gesellschaft. Aus diesem Grund hat die Thematik eine besonders große körpersprachliche Komponente, wie ich in den nächsten Zeilen darlegen werde.

Zurück zu den Transmenschen. Ich arbeite regelmäßig mit ihnen. Denn viele haben erkannt, dass geschlechtstypische Bewegungen wichtig sind, um im neuen Geschlecht akzeptiert zu werden. Wer breitbeinig, mit großen Schritten und stark pendelndem Oberkörper geht, dem verhelfen Rock, hohe Schuhe und Lidschatten auch nicht zu einer weiblichen Wirkung. Umgekehrt sind bestimmte Haltungen entscheidend, um als Transmann wahrgenommen zu werden. Manche agieren mit ihrer Körpersprache in ihrem neuen Geschlecht sogar besonders deutlich, als ob sie nie mehr ein Missverständnis aufkommen lassen wollten. Dort fällt die Einordnung recht leicht. Anders ist es bei Non-binary-Menschen, also Menschen, die sich nicht einem der beiden Geschlechter zuordnen wollen oder können.

Richtig Mann – richtig Frau

Es gibt Männer, die auf den ersten Blick so richtige Testosteronbomben sind. Groß gewachsen, dichter Haarwuchs, breite Schultern, viele Muskeln, grobe Bewegungen, laut. Sie fühlen sich in grölenden Männerrunden wohl, Bier zum Frühstück ist absolut okay, und mindestens drei Abende pro Woche sind reine Jungsabende. Frauen? Sind daheim. Da gibt's immer eine Menge zu putzen.

Es gibt aber auch Männer, die weniger grob daherkommen, weder grölen noch Testosterongebalze zeigen. Und doch eine maskuline Ausstrahlung haben. Bewegt man sich auf der Skala weiter, gibt es Männer, die ausnehmend feine Bewegungen zeigen, leise Töne schätzen und dem Hahnenkampf am liebsten ausweichen. Geht man auf der Skala noch weiter, findet man die Männer, die sich gerne pflegen, zur Maniküre gehen, ja manche lackieren sich die Nägel, schminken sich und fühlen sich in Frauenzirkeln wohler als in Männerrunden. Und sind immer noch Männer.

Auf der anderen Seite gibt es Frauen, deren Lebensmaxime Bling-Bling ist, alle Farben sind klasse, solange sie rosa sind.

Make-up, Maniküre und Wimpernverlängerung reichen, um ein erfülltes Leben zu haben. Männer? Klar doch, irgendwer muss ja den Champagner finanzieren! Aber es gibt auch Frauen, die Schmuck schätzen, aber die Selbstverschönerung nicht als Tageshöhepunkt sehen. Auf der weiblichen Skala gibt es dann auch burschikosere Frauen, die im sportlichen Wettkampf nicht zimperlich sind und sich in Sportschuhen wohler fühlen als in High Heels. Und dann gibt es die, die umgangssprachlich oft als »Mannweiber« bezeichnet werden. Und allesamt immer noch Frauen sind.

Wen wundert es da, wenn sich manche Menschen unwohl fühlen, in ein und denselben Geschlechtertopf geworfen zu werden? Mann sein und trotzdem kein Bier zum Frühstück haben wollen? Sich vielleicht mal eine Feuchtigkeitsmaske auflegen und Maniküre gar nicht so abwegig finden? Oder sich als Frau gerne burschikos kleiden und sich im Fitnesscenter mit Männern messen wollen?

Aus meiner Sicht ist es viel wichtiger, unsere gewohnten Rollenbilder zu erweitern. Denn das soziale Geschlecht ist kein fixes Konstrukt, vielmehr ist es ein Kontinuum. Die kulturelle Errungenschaft hat uns so viel Freiheit gebracht, dass wir uns nach außen hin so präsentieren können, wie wir uns wohlfühlen. Körperliche Kraft und manuelle Tätigkeiten sind so weit in den Hintergrund gerückt, dass uns lange Fingernägel, sichteinschränkende Frisuren, bewegungshemmende Kleidung und Stöckelschuhe im Überlebenskampf nicht einschränken. Bis vor wenigen Jahrzehnten war diese Art der femininen Kleidung nur jenen Menschen erlaubt, die keinen Körpereinsatz zeigen mussten, um überleben zu können. Ludwig XIV. ist ein Beispiel dafür. Wir erleben also gerade eine Premiere in der gesamten Menschheitsgeschichte.

Lassen Sie sich nicht irritieren, weil Sie nicht jedem modischen Ausdruck zustimmen. Vielmehr sollten wir dem mit Neugier und Dankbarkeit begegnen. Es liegt an uns, nicht über Menschen zu lächeln, die ihre Persönlichkeit unerwartet ausdrücken. Vor allem nicht nur mit einem Mundwinkel.

Was uns direkt zur homosexuellen Körpersprache führt.

Sexuelle Orientierung

»Fußballerinnen sind doch alle lesbisch!« – »Einen Schwulen erkenne ich zehn Kilometer gegen den Wind!« Nein, erkennen Sie nicht! Ja, manche Bewegungen mögen uns an die stereotypen Bewegungen des anderen Geschlechtes erinnern. Daran aber die sexuelle Orientierung festzumachen, ist Nonsens. Eine Umfrage, durchgeführt 2021 in 27 Ländern, hat ergeben, dass circa zwei Prozent der Menschen homosexuell sind.[55] Die meisten Umfragen und weitere Studien kommen zu einem ähnlichen Ergebnis: jeweils zwischen ein und drei Prozent, wenige kommen auf bis zu fünf Prozent.[56] Diese Zahlen sollen Ihnen helfen, eine Relation zu erkennen. Sie werden weit öfter auf Menschen treffen, die für ihr Geschlecht eher untypische Signale zeigen, als es Homosexuelle gibt. Deswegen halte ich hier mit Nachdruck fest: An der Körpersprache ist die sexuelle Orientierung nicht festzustellen. Punkt!

Für und Wider von Kategorien

Menschen verspürten immer schon das Bedürfnis, sich bestimmten Kategorien zuzuordnen. Bereits die antiken Griechen teilten Menschen nach einer Temperamentenlehre in vier grundlegende Temperamente ein. Heute ist geradezu eine Schwemme an Kategorisierungen zu beobachten: Sternzeichen, Farbtypen, Persönlichkeitstypen, am besten gleich mit Test auf der favorisierten

Psycho-Homepage. Mit Aufkommen von Social Media hat sich dieses pseudowissenschaftliche Kategorisieren noch einmal verstärkt. Produkte, Seminare, Investmentstrategien und Jobs werden gemäß Persönlichkeitstypen verkauft. Natürlich greift das auch auf die Geschlechterkategorisierung über. Fällt ein Mensch aus den erwarteten Geschlechtertypologien heraus, egal, ob aus angeborenen oder aus erlernten Gründen, wird er erst mal auf Distanziertheit stoßen, weil er nicht sofort in eine Schublade passt. Nun könnte man natürlich die ganze Welt auf Schulung schicken, um Schubladendenken zu vermeiden. Aber wissen Sie was? Ich habe nachgerechnet – es würde zu lange dauern. Denn Menschen würden trotzdem zuerst das Äußere, vor allem das Verhalten wahrnehmen und anhand dessen eine Einordnung vornehmen. Besser ist es, über die entsprechenden Signale nach außen, also die Körpersprache, Bescheid zu wissen. Und diese bewusster einzusetzen. Wer nämlich weiß, welche Signale er aussendet und wie bestimmte Gesten und Mimiken von anderen zu deuten sind, wird selbstsicherer durch den Alltag gehen.

Wohin entwickeln wir uns?

An dieser Stelle wage ich einen Ausblick in die ferne Zukunft. Meiner Ansicht nach wird es darauf hinauslaufen, dass sich das menschliche Verhalten verändern wird. Der Einsatz von körperlicher Kraft wird zunehmend unwichtiger, weil der Kampf um Ressourcen in der virtuellen Börsenwelt ausgefochten wird, Kriege mit dem Joystick geführt werden, und sollte der Nachbar uns Böses wollen, erledigt das die örtliche Polizei. Allerdings schreit das Männergehirn immer noch nach Herausforderung und Nervenkitzel, und deshalb stillen sie ihr Aktivitätsbedürfnis mit allerlei absurden Abenteuern, die auf jeden Fall nichts mehr mit der Eroberung von neuen Nahrungsquellen zu tun haben. Dieses Verhalten hat seinen Zweck zum Teil schon verloren und wird es wohl weiter verlieren. Durchsetzen wird sich ein anderes Verhalten, nämlich schnell Kontakte zu knüpfen, sich mit Menschen zu vernetzen und verlässliche Partnerschaften einzugehen. Edward Lee Thorndike, ein US-amerikanischer Psychologe, beschrieb schon 1920, dass »der fachlich kompetenteste Mechaniker als Vorarbeiter scheitern würde, wenn er nicht die Fähigkeit mitbrachte, mit anderen zu kooperieren und sie in Kooperation zu halten«. Und da scheinen Frauen die besseren Voraussetzungen zu haben. Also Männer, lasst uns die nächsten Jahrtausende noch genießen. Denn so lange wird es wohl dauern, bis sich das Gehirn an die neuen Bedingungen heranmutiert hat.

Bis dahin sollten wir uns nicht messen, wer die bessere Körpersprache hat. Vielmehr sollten wir unsere körpersprachliche Vielfalt nutzen und vom jeweils anderen Geschlecht lernen. Auf diese Weise verstehen wir einander besser und wirken souveräner. Harmonie, Erfolg und Wertschätzung sind das Ergebnis.

Möchten Sie das Wissen aus diesem Buch vertiefen? Dann scannen Sie den QR-Code für verblüffend einleuchtende Videos zur Körpersprache von Mann und Frau!

https://www.stefanverra.com/buchvideos

Quellen

1 Wikipedia, Binnen-I, abgerufen 21.11.2022 und Gender-inclusive language: Guidelines for gender-inclusive language in English, Website: un.org

2 Meinungsforschungsinstitut TQS, Umfrage Februar 2022.

3 Axel Franzen, Josef Hartmann: D*ie Partnerwahl zwischen Wunsch und Wirklichkeit: Eine empirische Studie zum Austausch von physischer Attraktivität und sozialem Status, Partnerwahl und Heiratsmuster*, Seite 183-206, Januar 2001.

4 Ebd.

5 Sven Oleschko: *Genus International*, Universität Duisburg Essen, Dezember 2010.

6 Parkinson, C., Walker, T. T., Memmi, S., & Wheatley, T.: Emotions are understood from biological motion across remote cultures, *Emotion*, 17(3), Seite 459–477 (2017).

7 Seung-uk Ko, Magdalena I. Tolea, Jeffrey M. Hausdorff, and Luigi Ferrucci: Sex-specific differences in gait patterns of healthy older adults: Results from the Baltimore Longitudinal Study of Aging, *Journal of Biomechanics* Volume 44, Seite 1974–1979, 07.07.2011.

8 Kerrigan DC, Todd MK, Della Croce U.: Gender differences in joint biomechanics during walking: normative study in young adults. *American Journal of Physical Medicine & Rehabilitation* (77), Seite 2–7, Januar 1998.

9 Ian Janssen, Steven B. Heymsfield, ZiMian Wang, Robert Ross: Skeletal muscle mass and distribution in 468 men and women aged 18–88 yr, *Journal of Applied Physiology* (89), Seite 81–88, Juli 2000.

10 Richard V. Clark, Jeffrey A. Wald, Ronald S. Swerdloff, Christina Wang, Frederick C. W Wu, Larry D. Bowers, Alvin M. Matsumoto: Large divergence in testosterone concentrations between men and women: Frame of reference for elite athletes in sex-specific competition in sports, a narrative review, *Clinical Endocrinology*, Volume 90, Seite 15–22, 23.08.2018.

11 Müller J., Diachenko A., Tracing long-term demographic changes: The issue of spatial scales, *PLoS ONE* 14 (1): e0208739, 02.01.2019.

12 Friedemann Schrenk, Stephanie Müller: *Die Neandertaler*, S. 91, München 2005.

13 Frans de Waal: *Der Affe in uns*, München 2009.

14 Martin Daly, Margo Wilson: *The Truth about Cinderella: A Darwinian View of Parental Love*, 11. Oktober 1999.
Gianluca Esposito, Sachine Yoshida, Ryuko Ohnishi, Yousuke Tsuneoka, Maria del Carmen Rostagno, Susumu Yokota, Shota Okabe, Kazusaku Kamiya, Mikio Hoshino, Masaki Shimizu, Paola Venuti, Takefumi Kikusui, Tadafumi Kato, Kumi O. Kuroda: Infant Calming Responses during Maternal Carrying in Humans and Mice, *Current Biology* (23), Seite 739–745, 06.05.2013.

15 Kristen N. Jozkowski, Zoë D. Peterson, Stephanie A. Sanders, Barbara Dennis & Michael Reece, Gender Differences in Heterosexual College Students' Conceptualizations and Indicators of Sexual Consent: Implications for Contemporary Sexual Assault Prevention Education, *The Journal of Sex Research* (51), Seite 904–916, 6. August 2013.

16 Hassett, J. M., Siebert, E. R., & Wallen, K.: Sex differences in rhesus monkey toy preferences parallel those of children, *Hormones and behavior* (54), Seite 359–364, August 2008.

17 Butler, J., Burns, D. P., & Robson, C.: Dodgeball: Inadvertently teaching oppression in physical and health education, *European Physical Education Review*, 27, Seite 27–40, April 2021.

18 Joshua B. Julian, Jack Ryan, Russell A. Epstein: Coding of Object Size and Object Category in Human Visual Cortex, *Cerebral Cortex* (27), Seite 3095–3109 Juni 2017.
Collegio, A.J., Nah, J.C., Scotti, P.S. et al.: Attention scales according to inferred real-world object size, *Nature Human Behaviour* (3), Seite 40–47, 07.01.2019.

19 Gert Stulp, Abraham P. Buunk, Thomas V. Pollet: Women want taller men more than men want shorter women, *ScienceDirect* (54), Seite 877–883, Juni 2013.

20 B. Pawlowski, R. I. M. Dunbar & A. Lipowicz: Tall men have more reproductive success, *Nature* (403) Seite 156, 13.01.2000.

21 Liste der Länder nach Körpergröße – Wikipedia, abgerufen am 20.12.2022.

22 Gregg R. Murray, J. David Schmitz: Caveman Politics: Evolutionary Leadership Preferences and Physical Stature, *Social Science Quarterly* (92), Seite 1215–1235, 18.10.2011.

23 Timothy A. Judge, Daniel M. Cable: The Effect of Physical Height on Workplace Success and Income: Preliminary Test of a Theoretical Model, *Journal of Applied Psychology* (89), Seite 428–441, 2004.

24 Lindsey A. Loomba-Albrecht, Dennis M. Styne: Effect of puberty on body

composition, *Current Opinion in Endocrinology, Diabetes and Obesity* (16), Februar 2009.

25 Margaret F. Braun, Angela Bryan: Female waist-to-hip and male waist-to-shoulder ratios as determinants of romantic partner desirability, *Journal of Social and Personal Relationships* (23), Oktober 2006.
W. G. Macdowall, S. Clifton, M. J. Palmer, C. Tanton, A. J. Copas, D. M. Lee, K. R. Mitchell, C. H. Mercer, P. Sonnenberg, A. M. Johnson & K. Wellings: Salivary Testosterone and Sexual Function and Behavior in Men and Women: Findings from the Third British National Survey of Sexual Attitudes and Lifestyles (Natsal-3), *The Journal of Sex Research* (59), Seite 135–149, Oktober 2021.

26 Edward Wright, Sven Grawunder, Eric Ndayishimiye, Jordi Galbany, Shannon C. McFarlin, Tara S. Stoinski & Martha M. Robbins: Chest beats as an honest signal of body size in male mountain gorillas (Gorilla beringei beringei), *Scientific Reports* (11), 08.04.2021.

27 Kerrigan DC, Todd MK, Della Croce U.: Gender differences in joint biomechanics during walking: normative study in young adults, *American Journal of Physical Medicine & Rehabilitation* (77), Seite 2-7, Januar 1998.

28 Seung-uk Ko, Magdalena I. Tolea, Jeffrey M. Hausdorff, and Luigi Ferrucci: Sex-specific differences in gait patterns of healthy older adults: Results from the Baltimore Longitudinal Study of Aging, *Journal of Biomechanics* Volume 44, Seite 1974–1979, 07.07.2011.

29 David A. Puts, Coren, Rodrigo Cardenas: Masculine voices signal men's threat potential in forager and industrial societies, *Proceedings of the Royal Society B: Biological Sciences*, 29.07.2011.

30 Opfer partnerschaftlicher Gewalt, Statista, 25.11.2021.

31 Wikipedia, Domestic violence in Russia, abgerufen am 21.11.2022.

32 Report on Violence against women 2015, Bangladesh Bureau of Statistics, Ministry of Planning.

33 The Jeremy Kyle Show, 13.05.2015, https://archive.org/details/JeremySLAMSAudienceForLaughingAtDomesticAbuseVictimJeremyKyle.

34 Frans de Waal: Cheerful Chimps: Are Animals Really Happy When They Smile?, *Discover*, 31.05.2019.

35 Elizabeth Levy Paluck, The contingent smile: A meta-analysis of sex differences in smiling. *Psychological Bulletin* (129), Seite 305–334, März 2003.

36 Fischer, A., & LaFrance, M., What Drives the Smile and the Tear: Why Women Are More Emotionally Expressive Than Men, *Emotion Review*, (7), Seite 22–29, Januar 2015.

37 Rebecca T. Leeb, Gillian Rejskind: Here's Looking at You, Kid! A Longitudinal Study of Perceived Gender Differences in Mutual Gaze Behavior in Young Infants, *Sex Roles* (50), Seite 1–14, Januar 2004.

38 Louann Brizendine: *The Female Brain*, Bantam, Januar 2008.

39 Erin B. McClure: A meta-analytic review of sex differences in facial expression processing and their development in infants, children, and adolescents, *Psychological Bulletin* (126), Seite 424–453, 2000.
Ulf Dimberg, Lars-Olov Lundquist: Gender differences in facial reactions to facial expressions, *Biological Psychology* (30), Seite 151–159, April 1990.

40 Caldwell HK, Lee HJ, Macbeth AH, Young WS 3rd.: Vasopressin: behavioral roles of an »original« neuropeptide, *Prog Neurobiol.* (84), Seite 1–24, 04.11.2007.

41 https://www.theguardian.com/education/2004/may/18/highereducation.educationsgendergap.

42 David Ruau, Linda Y. Liu, J. David Clark, Martin S. Angst, Atul J. Butte: Sex Differences in Reported Pain Across 11,000 Patients Captured in Electronic Medical Records, *The Journal of Pain* (13), Seite 228–234, 01.03.2012.

43 Kingsley R. Browne: Evolved sex differences and occupational segregation, *Journal of Organizational Behavior*, 11.02.2006.
David S. Lubinski, & Camilla Persson Benbow: Sex Differences in Personal Attributes for the Development of Scientific Expertise, *American Psychological Association, Why aren't more women in science?* (S. J. Ceci & W. M. Williams (Eds.), Seite 79–100, 2007.

44 The Peru Two, *High: Confessions of an Ibiza Drug Mule*, BBC.

45 Norbert Meskó, Tünde Paál, Gábor Bernadett: The Face and Head Hair of Woman: Long Hairstyle as an Adaptive Means of Displaying Phenotypic Quality, *Conference: Electronic International Interdisciplinary Conference Volume: I*, Januar 2012.

46 Roberta Miliken: *A cultural History of hair in the middle ages – Volume 2*, UK Bloomsbury Academic 2019.

47 https://altevolkstrachten.de/trachtenhauben/

48 Nisha Charkoudian, Nina Stachenfeld: Sex hormone effects on autonomic mechanisms of thermoregulation in humans, *Autonomic Neuroscience* (196), Seite 75–80, 30.11.2015.

49 Pavol, Prokop: High heels enhance perceived sexual attractiveness, leg length and women's mate-guarding, *Current Psychology* (41), Seite 3282–3292, 13.06.2020.

50 Rossi W.A.: *The sex life of the foot and shoe*, New York 1976.

51 Lim, Vichard & Jacob, Natasha & Fazreen, Mohamed & Ghani, Shah & Wang, Dareenlim & Thantry, Anita Devi: An Anthropometric Study on the Carrying Angle of Elbow among Young Adults of Various Ethinicities in Malaysia, *National Journal of Integrated Research in Medicine* (5), Seite 20–23, Januar 2014.

52 Apicella, Coren L., David R. Feinberg: Voice Pitch Alters Mate-Choice-Relevant Perception in Hunter-Gatherers, *Proceedings: Biological Sciences* (276) Seite 1077–82, 22.03.2009.

53 Michelle D. Taylor, Carole L. Hart, George Davey Smith, Lawrence J. Whalley, David J. Hole, Valerie Wilson, Ian J. Deary: Childhood IQ and marriage by mid-life: the Scottish Mental Survey 1932 and the Midspan studies, *Personality and Individual Differences* (38), Seite 1621–1630, Mai 2005.

54 Melissa Bateson, Susan D. Healy: Comparative evaluation and its implications for mate choice, *TRENDS in Ecology and Evolution* (20), 12.12.2005.

55 *Ipsos's LGBT+ Pride 2021 Global Survey*, Juni 2021.

56 Natsal: University College London (UCL), the London School of Hygiene & Tropical Medicine (LSHTM), the University of Glasgow and NatCen Social Research (NatCen): *The National Surveys of Sexual Attitudes and Lifestyles*, May 2019.

NCHS, *National Health Interview Survey*, 2018.

Stefan Verra

Mit Körpersprache ganz nach oben!

Welche geheime Wirkung hat Merkels Raute? Hat Harris' unausweichbarer Blick mehr Power als Putins Stirn? Und wieso können der »Trumpdreher« und Ursula von der Leyens Handhaltung Sympathien kosten? Alle Menschen sprechen mit ihrem Körper, aber manche sind erfolgreicher und mächtiger als andere. Das hat sehr viel mehr mit gezielter Mimik und Gestik zu tun, als wir denken. Der Körpersprache-Experte und Bestsellerautor Stefan Verra weiht uns ein in die Geheimnisse von Macrons sprechenden Augenbrauen und Kurz' Salatschüsselgestik. Mit Verras Erkenntnissen können wir alle mächtiger und erfolgreicher werden.

978-3-453-60579-4

Leseprobe unter **www.heyne.de**

HEYNE